□ 袁涤非 主编

中国礼仪文化丛书
Chinese Etiquette Culture Book Series

中国礼仪

餐饮礼仪

□ 袁涤非　朱海燕　陈枳齐　编著

东北大学出版社

"中国礼仪文化丛书"编委会

主编：袁涤非

编委（以姓氏笔画为序）：

马　丽　马丽萍　王　牛　王姿琰　申　佳　宁爱平　朱　娜　朱海燕
李　霞　李飞鸿　杨湘雨　肖娅晖　陈　礼　陈　莉　陈枳齐　何　芳
刘　芳　刘　珂　刘吉力　刘彦萍　罗　辉　郝　锐　洪夏子　贺罗娜
谈　馨　曹　颖　黄　媛　黄建英　彭　露　彭蝶飞　辜　丽　程缨茵

ⓒ 袁涤非　朱海燕　陈枳齐　2018

图书在版编目（CIP）数据

中国礼仪. 餐饮礼仪 / 袁涤非，朱海燕，陈枳齐编著. — 沈阳：东北大学出版社，2018.4（2025.8 重印）

（中国礼仪文化丛书 / 袁涤非主编）

ISBN 978-7-5517-1868-4

Ⅰ. ①中… Ⅱ. ①袁… ②朱… ③陈… Ⅲ. ①饮食－礼仪－基本知识－中国　Ⅳ. ①K892.26

中国版本图书馆 CIP 数据核字（2018）第 090627 号

出　版　者：东北大学出版社
　　　　　　地址：沈阳市和平区文化路三号巷 11 号
　　　　　　邮编：110819
　　　　　　电话：024 - 83683655（总编室）　83687331（营销部）
　　　　　　传真：024 - 83687332（总编室）　83680180（营销部）
　　　　　　网址：http://www.neupress.com
　　　　　　E-mail：neuph@neupress.com
印　刷　者：辽宁一诺广告印务有限公司
发　行　者：东北大学出版社
幅面尺寸：170mm×240mm
印　张：12　　　　　　　　　　　字　　数：197 千字
出版时间：2018 年 4 月第 1 版　　印刷时间：2025 年 8 月第 3 次印刷
策　　划：郭爱民　　　　　　　　责任编辑：邱　静　牛连功
责任校对：杨世剑　　　　　　　　封面设计：琥珀视觉

ISBN 978-7-5517-1868-4　　　　　　　　　　　　　　定　价：58.00 元

序

　　于治国而言，"治国不以礼，犹无耜而耕也"；于修身而言，"今人而无礼，虽能言，不亦禽兽之心乎？"礼仪是人内在品德修为的外在表现，在中华民族的传统美德中占有十分重要的地位。当前，中国特色社会主义伟大事业已进入新时代。"仓廪实而知礼节"，在经济社会迅速发展、国人物质生活得到前所未有满足的新形势下，礼仪文化建设作为社会主义思想道德建设的重要内容，作为培育和践行社会主义核心价值观的重要手段，弘扬与规范之，可谓恰逢其时。

　　中华民族是礼仪之邦，以编辑文献的形式约定礼仪规范古已有之。西汉礼学家戴圣编纂的《礼记》（又名《小戴记》《小戴礼记》），选编了秦汉以前的各种礼仪论著（如《曲礼》《檀弓》《王制》《月令》《礼运》《学记》《乐记》《中庸》《大学》等）49篇，既确立了礼仪规范的基本标准（即"傲不可长，欲不可纵，志不可满，乐不可极"），又从道德仁义、教训正俗、分争辨讼、尊卑长幼、宦学事师、班朝治军、莅官行法、祷祠祭祀等方面阐述了礼仪的广泛用途，还制定了大至国家祭祀、小至家庭婚丧之丰富而具体的行为规范，影响中国1700余年。然而，我国现代礼仪文化研究起步很晚，对礼仪文化的研究还处于初级阶段。礼仪文化作为一门内涵小、外延广的边缘学科，还远远不能满足现代文明社会的需求，其科学性、系统性还有待提升到一个新的高度。我和湖南省礼仪文化研究会的各位同人，在从事礼仪文化的研究、教学、培训和推广过程中，常常因文献和教材不足而颇感遗憾。同时，作为礼仪文化工作者，我们也感到自身所肩负的重要责任。因此，我们试图通过撰著"中国礼仪文化丛书"为礼仪文化发展作一些有益的探索，怀抛砖引玉之心，为礼仪文化不断进步略尽绵薄之力。

　　对礼仪的分类，古已有之。传统礼仪有吉礼、凶礼、军礼、宾礼、嘉礼"五礼"之说。我们选择《公务礼仪》《商务礼仪》《服务礼仪》《医护礼仪》《形象礼仪》《生活礼仪》《言谈礼仪》《餐饮礼仪》《职场礼仪》《涉外礼仪》《儿童礼仪》作为丛书的

11个分册，一方面是因为这11个专题的礼仪具有鲜明的现代社会特点，贴近日常工作和现实生活；另一方面，它们所包含的礼仪文化内涵无疑是现代礼仪的应有之义。当然，这与我们当前对礼仪文化研究业已取得的成熟成果分不开。

丛书的内容选择偏重于实践。其一，注重继承和弘扬中华民族优秀礼仪传统。中华礼仪源远流长，几千年中形成的礼仪传统符合大多数国人的心理定势，其中相当大的部分现在仍然适用。其二，单设分册介绍涉外礼仪内容。全球化是当今世界大势所趋，文化大融合不可逆转。借鉴和吸收世界各地的优秀礼仪文明，有利于在国际交往中传播中华礼仪文化、展示国人礼仪形象。其三，中华人民共和国成立已近70年，有必要在社会主义核心价值观和公民道德规范框架下，建立新时代中国特色社会主义礼仪规范体系。我们尝试从贴近大众生活的11个方面入手，探索建立一套切实可行的、能提升公民道德修养、提高社会文明程度的礼仪规范，并通过我们的教学、培训和读者的阅读，身体力行予以弘扬。其四，除了社会大众需要遵守的一般礼仪规范，我们还根据部分特定场合、特定人群、特定职业的不同特点，有针对性地总结和制定了一些针对特殊需要的礼仪规范，以增强"中国礼仪文化丛书"的实用性，更好地指导人们把学到的礼仪规范运用到生活和工作中。

参与丛书撰写的33位作者，都是湖南省礼仪文化研究会的中坚力量。他们不仅是长期从事礼仪教学、研究的优秀学者，还是在医疗护理、企业管理、市场营销、心理咨询、幼儿教育等一线工作的佼佼者。他们既有较深厚的理论功底，也有丰富的实践经验。丛书凝聚着作者们的智慧及心血。那些娓娓道来的礼仪阐释、生动有趣的礼仪案例、标准规范的礼仪影像，一定能让读者诸君学有所获、学有所用，使大家成为真正有修养、有品位、有风度、有气质，懂得爱己爱人的现代人。

袁涤非

2018年4月于岳麓山下

目 录
Contents

第一章 绪 论

第一节 礼仪概述
一、礼仪的起源与发展 / 3

二、礼仪的内涵与特征 / 8

三、礼仪的原则与功能 / 11

第二节 餐饮礼仪概述
一、礼仪与餐饮礼仪 / 15

二、餐饮类别 / 16

三、独特的餐饮文化 / 17

四、宴请礼仪 / 20

第二章 中餐礼仪

第一节 中餐概述
一、中餐食材五品 / 28

二、中餐烹饪方法 / 30

三、中餐菜品特点 / 32

四、中餐主要菜系 / 32

第二节 席位礼仪
一、桌次礼仪 / 40

二、位次礼仪 / 42

第三节 点菜礼仪

一、点菜的要求 / 44

二、点菜的技巧 / 46

三、封闭式点菜 / 48

第四节 餐具礼仪

一、用筷礼仪 / 49

二、用勺礼仪 / 51

三、用碗礼仪 / 52

四、用碟礼仪 / 52

五、辅助餐具礼仪 / 53

第五节 餐桌礼仪

一、餐前净手 / 54

二、劝菜礼仪 / 55

三、取菜礼仪 / 55

四、进餐礼仪 / 56

五、餐后礼仪 / 57

六、其他细节 / 57

第三章 西餐礼仪

第一节 西餐概述

一、西餐的特点 / 63

二、西餐的种类 / 65

三、西餐的文化内涵 / 73

第二节 席位礼仪

一、基本原则 / 76

二、位次排列 / 77

第三节 餐具礼仪

一、餐具的种类及摆放 / 79

二、餐具使用礼仪 / 81

第四节　用餐礼仪

　　一、餐前礼仪 / 84

　　二、用餐场合 / 84

　　三、餐桌礼仪 / 86

第四章　饮酒礼仪

第一节　酒的概述

　　一、酒的起源 / 94

　　二、酒的分类 / 95

　　三、酒器分类 / 99

　　四、酒的文化 / 100

第二节　酒桌礼仪

　　一、斟酒礼仪 / 113

　　二、受酒礼仪 / 114

　　三、敬酒礼仪 / 115

　　四、干杯礼仪 / 116

　　五、饮酒适度 / 117

第五章　茶道礼仪

第一节　茶道礼仪概述

　　一、茶道礼仪的功能 / 123

　　二、茶道礼仪的特征 / 125

　　三、茶道常用礼节 / 126

第二节　茶学专业基础

　　一、茶叶选购 / 131

　　二、茶叶贮藏 / 134

三、茶叶冲泡 / 136

　　四、茶席布置 / 144

第三节　茶道礼仪规范

　　一、准备礼仪 / 147

　　二、沏茶礼仪 / 150

　　三、奉茶礼仪 / 151

　　四、饮茶礼仪 / 153

　　五、续茶礼仪 / 154

第四节　民族茶礼茶俗

　　一、白族的三道茶 / 156

　　二、纳西族的"龙虎斗"茶 / 158

　　三、藏族的酥油茶 / 159

　　四、蒙古族的咸奶茶 / 162

　　五、苗族的油茶 / 164

　　六、土家族的擂茶 / 166

第五节　国外特色茶礼

　　一、日本茶道 / 168

　　二、韩国茶礼 / 171

　　三、英国下午茶 / 175

后　　记 / 183

第一章 绪论

在现代社会中,礼仪往往是衡量一个人文明程度的准绳,是一个国家社会风气的现实反映,是一个民族精神文明和社会进步的重要标志。礼仪已经渗透到了社会生活的各个环节、各个领域,无论是对个人、对国家,还是对社会的发展,都起着越来越重要的作用。本章着重介绍中国礼仪的起源和发展,明确了礼仪的内涵和定义,阐述了礼仪的特征、功能、作用,最后介绍了礼仪的一个重要组成部分——餐饮礼仪。

随着人们社会交往的日益频繁,用餐早已不再仅仅满足基本生存需要,更是人们交流思想、加深了解、增进感情、建立良好关系的重要活动,餐饮礼仪也因此越发重要。餐饮礼仪是人们在赴宴进餐过程中,根据一定的风俗习惯和约定俗成的仪式及行为,在用餐仪态、餐具使用、菜品食用等方面表现出的自律和敬人的行为,是餐饮活动中应遵循的行为规范与准则。用餐中知礼用礼,不仅体现个人的涵养素质,让自己怡然自得、游刃有余,展现良好的社交形象,而且能为增进与人交往起到锦上添花的作用。

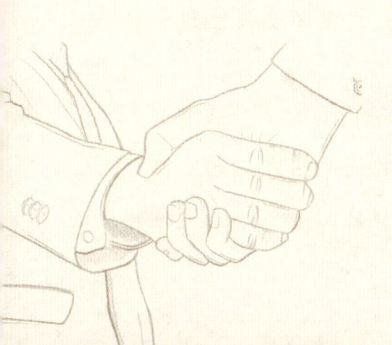

第一节　礼仪概述

💬 案例导入

【案例1】今天又是忙碌的一天，一大早店里就来了很多客人。服务员小林忙里忙外，进进出出了十几趟。到中午的时候又来了一批客人，共有7人。小林把他们安排坐下后，递上菜单就去照顾别的顾客了。由于中午来的客人实在太多了，小林一时半会儿没来得及照顾那一桌客人，结果那桌的一名中年妇女指着小林喊道："小服务员，怎么菜还没点好（你）人就跑了？！快点过来！"小林急急忙忙跑了过去，就听那名中年妇女说道："你这小兔崽子，菜还没点好（你）人就没影了，没看见我们这么多人还等着吃饭吗？"小林被骂得不敢出声。那名妇女见小林没有说话，继续说道："菜点好了。赶紧上菜！如果再慢的话，小心我投诉你。"

今天客人确实有点儿多，待小林把第一盘菜端上桌时，已经过去了半个小时。那名妇女见到小林后，用手指着他就骂起来，非常难听。最后她吼道："你等着，我马上举报你！"因顾客举报一次会被扣200元钱，小林马上哀求道："阿姨，放我一马吧。今天实在是人太多，太忙了。"那名妇女骂道："滚！谁是你阿姨？！"无奈的小林只好离开，去照顾其他顾客。过了一会儿店长找到小林，对他说："你被人举报了。"小林听到店长的话，想起刚才受到的辱骂，越想越窝火。他在开水间打了一壶开水，然后提着那壶开水就往那名中年妇女头上浇了下去。……后来，小林以故意伤害罪被判一年徒刑。那名中年妇女因大面积烫伤，面容被毁。

"退一步海阔天空"。人与人之间如果多一点儿尊重，多一点儿包容，多一点儿忍让，多设身处地为他人着想，也许就不会发生这样的悲剧。

【案例2】我们公司的场地构造有点特殊，进门的玄关旁边有一个座位。因为我是财务人员，不用和他们项目组的同事坐在一起，所以玄关旁边的位子就是我的座位。我们公司前几个月新来了一名大学毕业生，每次进门首先看见我，招呼不打一声、头也不点一下不说，还直瞪瞪地看我一眼就走进去了。我想，她可能以为我只是前台的一个阿姨，所以如此不屑一顾。过了几天，大概她终于搞清楚我并不是什么接接电话、收收快递的阿姨，而是"掌管"她每个月工资的"财政大臣"，她立马就开始殷勤了起来，一进门就"刘老师"叫得山响。可是，我心里的感受却不一样了，即使她现在对我再怎么尊敬，毕竟是有原因的，我对她也生不出什么好感来。我就很纳闷，一名堂堂大学生，怎么刚进入社会就学会了势利？如果我真的是前台阿姨，是不是她这辈子都不打算跟我打招呼？新人刚进职场，礼貌很关键，人际关系一定要妥善处理。不能以貌取人或者想当然，要记得地位低下的员工同样也是前辈或者长辈。哪怕是打扫卫生的阿姨，如果正好清理到你的纸篓什么的，你不忘记说一声"谢谢！"，就会平添许多亲和力和人缘，所谓细节彰显魅力就是如此。

一、礼仪的起源与发展

中华文明上下五千年，中国素有"礼仪之邦"的美誉。五千年的悠悠岁月中，随着生产力水平的提升、社会的发展，人类社会化属性的日益增强，礼仪文化的内涵日渐丰富，终于达到今日之博大精深。但这种发展并未呈现出直线上升的趋势，其间的曲折跌宕，一如中国波澜壮阔的历史。

（一）礼仪的起源

从原始社会起，礼仪之根就开始萌芽，但当时的礼仪主要是一些礼节。最早的礼节用于对神灵的祭祀，所以就有了"礼立于敬而源于祭"的说法。

原始时期的人类面对变幻莫测的大自然，显得十分稚弱，无法解释千变万化的自然现象和突如其来的自然灾害，因此认为是鬼神、祖先在主宰人类的一切。人们开始用当时的一些精致、豪华的食具作为礼器进行祭祀，以表示他们对神灵、对祖先的敬畏，祈求保佑，祈求平安。这种祭祀活动可以看作礼仪的萌芽。

同时，随着家庭的形成，做父母的要抚养和关爱幼小的尚不能独立生活的子女；子女长大成人之后，则要赡养年迈的父母；兄弟姐妹之间也要互相关爱。早在尧舜时期,"五礼"(即父义、母慈、兄友、弟恭、子孝)就已形成,这对家庭成员之间的关系做出了明确的规定。这时,礼仪把家庭成员的言谈举止规范化了。

在社会活动中,人与人之间也渐渐形成了最初级、最原始的礼仪。在狩猎、耕种和部落之间的争斗中,同一群体中的人通过用眼神、点头、拉手等来示意互相之间如何配合。日常生活中,人们不自觉地用击掌、拥抱、拍手来表达欢快的感情,用手舞足蹈来表示狩猎获得食物的喜悦。人们之间这种相互的呼应、关照,逐步形成了一种习俗,这便是最初待人接物的礼节(现在的握手礼就始于原始社会),所以,礼仪成为当时人们交往沟通的一种"语言"。

原始社会后期,随着社会的发展,人们在生产和生活中的分工越来越细,于是产生了发号施令的领导者和服从安排的被领导者。为了维护领导者的地位,体现领导者和被领导者的等级差别,出现了尊卑有序、男女有别。例如:左尊右卑;在重大场合上,习惯以主人或东道主的左侧方位为尊位,其右侧为卑位。此时,礼仪又成了维系等级差别的需要,成为领导者教化子民、维持领导地位的工具。

所以,礼仪在萌芽时期,主要用于祭祀、规范家庭成员言行举止、人际交往中待人接物以及维护领导者的统治地位。

(二)礼仪的发展

每当中国进入一次大变革、大发展的历史时期,礼仪也随着时代的变迁而不断演变、充实和更新。漫长的礼仪文化发展史,可以大致分为礼仪孕育时期、礼仪形成时期、礼仪变革时期、礼仪鼎盛时期、礼仪衰落时期及现代礼仪时期。

1. 礼仪孕育时期

礼仪起源于距今百万年前的原始社会时期,随着人类逐渐进化而不断丰富、演变。在原始社会中、后期就孕育出早期礼仪的"胚胎"。比如,距今约1.8万年前的北京周口店人,已经会使用穿孔的兽齿、石珠作为装饰品,穿戴在脖子和手上。他们还会向逝去的族人周围撒放赤铁矿粉,以表示对族人去世的哀悼,这也可以说是中国历史上出现最早的宗教葬礼。

2. 礼仪形成时期

公元前21世纪至公元前771年,中国由金石并用时代进入青铜器时代。金属器皿的使用，把农业、畜牧业、手工业生产带到一个全新的时期。随着生产水平的大幅提高，除消费外，开始有了剩余，于是有了不劳而获的统治阶级与辛苦劳作的被统治阶级，由此产生了阶级对立，原始社会彻底瓦解。

在这个时期，由于中国刚从原始社会进入早期的奴隶社会，尊神活动仍被延续，并有日渐升温的趋势。在原始社会，由于缺乏科学知识，人们对于许多自然现象还不太理解，因此他们敬畏和祭祀"天神""河神"。在某种意义上，早期的礼仪是指原始社会人类生活的若干准则，也是原始社会宗教信仰的产物。

直至周朝，礼仪开始有所建树。周武王、辅佐周成王的周公，对周代礼制的确立都起到了重要作用。他们制作了礼乐，将人们的行为举止、道德情操等全部纳入当时的社会体制中，形成了一个尊卑有序的社会。《周礼》是中国流传至今的第一部礼仪专著，整理了周朝的官职表，用于讲述周朝的典章制度。由此可见，许多基本礼仪在商末周初便已基本形成。

在西周，青铜礼器已开始盛行，它是个人身份的象征——礼器的多寡代表身份地位的高低，显示权力的等级。在当时，贵族身上一般都佩戴成组的玉石，以显示身份地位。同时，尊老爱幼这类深入人心的礼仪规范在西周已蔚然成风，如当时孔子的"入则孝，出则悌，谨而信，泛爱众，而亲仁，行有余力，则以学文"，孟子的"老吾老以及人之老，幼吾幼以及人之幼"等都成为教育后人尊老爱幼的名言警句，至今也是人们的行为准则。所以，西周时期应该是礼仪的形成时期。

3. 礼仪变革时期

春秋战国时期，以孔子、孟子为代表的儒家系统地阐述了礼仪的起源、本质和功能。儒家文化一直主导着我国封建社会，影响达几千年之久。儒家思想宣扬"礼教"，提出以"修身""真诚"为本，认为在各种伦理关系中，对人诚实无妄才是"礼"的最高境界。孔子非常重视礼教，将"礼"作为治国、安邦、平天下的基础，他倡导用"礼"来约束和规范人的行为准则，认为："不学礼，无以立。""君子义以为质，礼以行之，孙以出之，信以成之。君子哉！"意思是说：君子要以义作为根本，用礼加以推行，语言表达要谦和，待人处世态度要真诚，这才称得上是谦谦君子。孟子提出"五伦"（即君臣、父子、兄弟、夫妇、朋友五种人伦关系），倡导父子之间有骨肉之亲，君臣之间有礼义之道，夫妻之间挚爱而又内外有别，老少之间有尊卑之序，朋友之间有诚信之德。这是处理人与人之间关系的道理和行为准则。这一时期，除儒家之外，还有其他思想主张，如：道家崇尚自然无为、独善其身，主张废除一切礼仪；法家推崇强权政治，主张以法代礼；墨家主张平等、博爱、利他，以义代礼。各家的主张虽然不同，但正是这种百家争鸣、各种思想相互吸收和融合，才使礼仪的内涵发生了较大的变革。所以，春秋战国时期是礼仪的变革时期。

4. 礼仪鼎盛时期

公元前 221 年，中国历史上第一个中央集权制的封建王朝——秦朝——建立了。秦始皇在全国推行"书同文""车同轨""行同伦"，成为延续两千余年的封建体制的基础。

西汉初期，思想家董仲舒把封建专制制度的理论更加系统化，提出了"唯天子受命于天，天下受命于天子"。他把儒家礼仪概括为"三纲五常"，即"君为臣纲，父为子纲，夫为妻纲"和"仁义礼智信"。他还提出了"罢黜百家，独尊儒术"的思想，让儒家礼教成为了定制。

汉代，一部包罗万象、堪称集上古礼仪之大成的《礼记》问世，它把奴隶社会和封建社会的礼仪汇集成册，成为封建时代礼仪最经典的著作。其中，有讲述古代风俗的《曲礼》，有谈论饮食和居住文化的《礼运》，有记录家庭礼仪的《内则》，有记载服饰礼仪的《玉藻》，有论述师生礼仪的《学记》，还有教授人们道德修养的《大学》。《礼记》对礼仪分类论述，内容十分丰富。

唐宋时代，《礼记》已由"记"上升为"经"，出现了以儒家思想为基础，融合道学、佛学思想的理学，朱熹便是其中的主要代表人物。他指出："仁莫大于父子，义莫大于君臣，是谓三纲五常之本。人伦天理之至，无所逃于天地间。"这一时期对于家庭礼仪的研究也是成果颇丰。在大量的家庭礼仪著作中，《朱子家礼》《司马氏书仪》最著名。前者相传为朱熹所著，后者为司马光撰写。

所以，这一时期的礼仪研究硕果累累，礼仪形式的发展也日趋完善，忠、孝、节、义等礼节也日趋繁多。无论是内容还是形式，礼仪都进入了鼎盛时期。

5. 礼仪衰落时期

清朝入关后，开始逐渐接受汉族的礼制，并使其复杂化，让礼仪变得死板、烦琐。如清代的品官相见，当品级低者向品级高者行跪拜礼时，一般是一跪三叩，甚至三跪九叩。清代后期，贪污腐败盛行，官员腐化堕落，封建社会由盛转衰。随着洋务运动的兴起，西方礼仪开始传入中国，而西方礼仪与中国推崇的礼仪思想有很大的差异。所以，这一时期中国的传统礼仪规范无论是内容还是形式，都受到了西方礼仪的强烈冲击，出现了"大杂烩"式的礼仪思想，封建礼教开始土崩瓦解。

6. 现代礼仪时期

清末，鸦片战争打开了中国长期封闭的大门，国人开始了解西方的政治、经济、文化。大批爱国人士为寻找富民强国的道路，在把西方的文化、科技引入中国的同时，也把西方礼仪介绍进来。辛亥革命之后，封建王朝覆灭，中国人民为摆脱封建礼教的束缚而不断地进行变革。直到1949年10月，中国进入一个崭新的时期，封建礼教被彻底废除，逐步形成了现代礼仪。

改革开放以来，随着中国与世界各国交往的日趋频繁，在我国传统礼仪的基础上，融入了西方先进的礼仪文化，形成了中国特色的新型社会关系和人际关系，那就是：平等相处，团结友爱，互帮互助，礼尚往来。礼仪从内容到形式都在不断变革，构成了社会主义礼仪的基本框架，现代礼仪进入了全新的发展时期。2005年，中央电视台一系列"迎奥运，讲文明，树新风"公益广告热播，各行各业的礼仪规范纷纷出台，如政务礼仪、商务礼仪、服务礼仪、教师礼仪、医护礼仪、国际礼仪等，社会上还出现了各种针对不同年龄、不同阶层的礼仪培训机构，如儿童礼仪、中学生礼仪、大学生礼仪、求职礼仪、职场礼仪等，人们越来越深刻认识到"不学礼，无以立"的道理，学习礼仪知识的热情日益高涨。

2017年10月18日，习近平总书记在党的十九大报告中强调："要提高人民思想觉悟、道德水准、文明素养，提高全社会文明程度。广泛开展理想信念教育，深化中国特色社会主义和中国梦宣传教育，弘扬民族精神和时代精神，加强爱国主义、集体主义、社会主义教育，引导人们树立正确的历史观、民族观、国家观、文化观。深入实施公民道德建设工程，推进社会公德、职业道德、家庭美德、个人品德建设，激励人们向上向善、孝老爱亲，忠于祖国、忠于人民。"这是我们构建当代礼仪文化的指南。我们应遵循"取其精华，去其糟粕"的原则，将传统礼仪文化的精髓融入现代文化的体系，以社会主义核心价值观的构建为契机，促使礼仪意识变为礼仪行为。

二、礼仪的内涵与特征

礼仪无处不在，渗透于工作、生活的方方面面，不仅有时代的烙印，而且还会呈现出一些行业的特点与要求，但其基本的内涵始终是较稳定的。

（一）礼仪的内涵

在古代，礼仪指的是为敬神而举行的各种仪式。如《诗经·小雅·楚茨》中"献醻交错，礼仪卒度"，讲的是古代在酒宴中主宾敬酒交互错杂，礼仪合乎法度。《周礼·春官·肆师》中"凡国之大事，治其礼仪，以佐宗伯"，意思是凡是涉及国家的事务，都应讲究合乎礼仪，用礼仪来辅助宗伯。这时对礼仪的基本定义是"致福曰礼，成义曰仪"，由此可知，当时的礼仪是为维护封建统治阶级而制定的基本制度和行为规范。

在现代，通常所说的礼仪是一种待人接物的行为规范，是一种交往的艺术表现。它是人们受历史传统、风俗习惯、宗教信仰、时代潮流等因素影响而在长期社会交往中形成的。礼仪既为人们所认同，又为人们所共同遵守，是在建立和谐关系的基础上各种符合客观要求的行为准则和规范的总和。但无论是古代还是现代，礼仪的内涵都具体表现在礼貌、礼节、仪表、仪式等方面。

礼貌，是指人们在彼此交往过程中表示尊敬、重视和友好的言谈举止。比如，我们经常会用"这个孩子真有礼貌"来表扬一个孩子主动与客人打招呼的举动。礼貌是以尊重他人、不侵害他人利益为前提的，是表达人与人之间和谐相处的意念和行为，如尊老爱幼、尊师重教、乐于助人、热情好客等。

礼节，是指人们在日常交际活动中，相互表示尊重、祝愿、问候、致意、慰问等待人接物方面的形式，如拜会、握手、馈赠、吊唁等。

仪表，是指人的外表、穿着，它主要指美的外在形象，引申为人的精神状态，如容貌、服饰、表情、姿态、风度等。

仪式，是指在一定场合举行的具有专门程序和形式的社会活动，如升旗仪式、奠基仪式、开学典礼、毕业典礼、剪彩仪式等。

所以，现代礼仪是人们在社会交往活动中，为了相互尊重，在仪容、仪表、仪态、仪式、言谈举止等方面约定俗成、共同认可的行为规范。"礼"是内在的，是人们对自己、对他人表示尊重和敬意的态度；而"仪"是外在的，是人们通过一定的动作、形式等表现出来的"礼"。"礼"是一种观念、一种意识、一种态度，而"仪"是外在的表现形式。"礼"字解决了，"仪"字迎刃而解；"礼"字不解决，即使懂得一些形式上的东西，也难以将其落实在行动上而形成习惯。"态度决定一切""心有敬而形于外"就是这个道理。

（二）礼仪的特征

同一历史时期，不同国家、民族、地域会有不同的礼仪规范，所谓"百里不同风，千里不同俗"。不同的历史时期，礼仪更会打下那个时代的烙印。礼仪的内容虽然存在差异，但其基本特征是一致的，主要表现为以下四个方面：

1. 继承性

礼仪，是一种文化修养，是人类在长期的共同生活和交往中，为维持正常生活秩序而逐渐演变或约定俗成的。在这个过程中，传统礼仪中那些烦琐、保守、与社会发展不适应的内容被不断摒弃，只有那些体现了人类精神文明和社会进步的精髓才得以世代传承。比如生活中我们常说"礼尚往来""来而不往非礼也"，说话要谦恭、和气、文雅，仪态要大方、恭敬、从容，仪表要端庄、得体、简洁，对待他人要知晓爱亲、敬长、尊师、亲友之道，等等。古往今来，这些优良传统在古代适用，在当今社会也同样适用，并已成为人们生活中的一种习惯和规范。所以，无论世事如何变迁，一些好的思想观念、礼仪传统总会代代相传，被延续继承。

2. 差异性

礼仪，作为一种共同遵守的行为规范，在实际应用中还会受到时间、地域、环境及各种因素的制约，具有很大的灵活性。任何国家、民族、地区都有其礼仪的特色，这是按照地域和群体来划分的，也是礼仪的一个十分重要的特点。一方面它表现在某个地域中或某类群体中具有共同的礼仪习俗；另一方面又说明地域与地域之间、群体与群体之间的礼仪习俗有不同的地方。各自不同的文化背景和历史原因等多方面因素造成了这种不同，也由此产生了多姿多彩的礼仪文化。比如，西方人在见面礼仪中讲究拥抱，提倡"女士优先"；但东方人大多将握手作为见面的礼节。有的地方把抚摸小孩的头当作亲切的表示，而有的地方却认为这是极无礼的行为。在庆典活动中，有的民族喜欢跳舞，有的民族喜欢唱歌，有的民族喜欢泼水。所以，每到一个新的地方，最好先了解一下当地的礼仪习俗，以便入乡随俗，这样更能体现对交往对象的尊重。

同一种礼仪，对不同年龄、不同性别、不同职业的人也会有不同的呈现方式。例如，同样是打招呼，男性之间与女性之间的问候方式会不同，老朋友之间与新朋友之间的问候方式也不同。再如，同样的话语，站在不同角度表述也会不同，对年轻人来说可能没有什么，可是对中老年人来说就可能会伤害他；对同性来说很正常，对异性来说可能就失礼了。正因为礼仪存在如此大的差异性，所以要求我们在不同的时间、场合都运用相应的礼仪来展现自己的风采，而不是生搬硬套、千篇一律，把礼仪变成一种死板的教条，那样反而会失礼了。

3. 针对性

人际交往讲究公平公正、一视同仁，但更讲究对等原则，即"投之以桃，报之以李""礼尚往来"，所以礼仪礼节具有很强的针对性。如公务接待时，应当派出与对方身份、职位基本相同的人员进行接待，迎送人员数量要适宜，不可过多或过少，基本上与对方对口、对等。一个单位的处长出访另一个单位时，被访单位也应由处长出面接待，至少要安排会见。

4. 规范性

礼仪是人们在交际场合待人接物时所必须遵守的行为规范。"必须遵守"，就是不能依据个人的意愿随意改变。它已经成为人们彼此交往的"通用语言"，成为衡量他人和判断自己是否自律敬人的标尺。如果人们能自觉地遵照并维护这一准则，那么便是符合礼仪要求。如果总是自作主张、一意孤行，或者一味按照自己的喜恶行事，那么就会给他人造成许多困扰。例如，别人握手时伸出右手，而你偏伸出左手；在宴席上，别人都在小口品酒，而你却大口干杯；开会时别人都把手机调至静音或震动模式，你的手机铃声却不时响起……这种偏离常规的做法，轻则造成沟通的障碍，使别人不清楚你要表达的意思；重则令人觉得你对他人失敬。所以礼仪一旦约定后必须俗成，具有强制性和规范性。

三、礼仪的原则与功能

礼仪是约定俗成的行为规范。既然是规范,当然有一定标准和尺度来衡量其是否规范。礼仪的规范很多,可以说是包罗万象,因为它涉及生活和工作的方方面面。但只要掌握了一些基本原则,复杂的问题也就简单化了。

(一) 礼仪的原则

讲礼仪,应遵循以下四条原则:

1. 尊重原则

礼仪的核心是尊重,诚如孟子所言:"尊敬之心,礼也。"所以,礼仪的实质只有一个字——"敬"。"敬"字包含两层含义:一是"尊敬",即尊敬长辈、尊敬师长、尊敬交往对象、尊敬所有人,尊敬他人就是尊敬自己;二是"敬畏",即敬畏制度、敬畏法律、敬畏生命。敬畏制度,你上班就不会迟到,因为你知道,这是最基本的劳动纪律;敬畏法律,你就不会做违法乱纪的事情,绝不触碰法律底线;敬畏生命,你就不会"酒驾",就不会做危及他人生命的事情。一个人如果有了"尊敬"之心、"敬畏"之意,就一定会是一个有道德有修养、懂得爱己爱人的人。

尊重原则要求人们在人际交往中与交往对象相互尊敬、相互谦让、和睦相处。"尊重"二字,在实际生活中体现为:尊重上级,是一个人的天职;尊重下属,是一个人的美德;尊重客户,是一个人的风度;尊重所有的人,是一个人的教养。人际交往中,不管年龄大小、职务高低,都应当受到尊重。对待他人要有敬重的态度,不可失敬于人,不可伤害他人的尊严,更不可侮辱他人的人格。特别是对待自己的下属和晚辈,有时他们做错了事,虽然可以严厉批评,但切不可表现出任何的不屑和鄙视,否则你也不可能得到他们的尊重。如果遇到对方有意伤害自己尊严,要坚决维护。所以,人与人之间相互尊重,是人际关系中讲究礼仪的基本出发点。尊重原则也就成了礼仪的核心原则。

2. 遵守原则

礼仪是社会生活的行为准则,它反映了人们的共同意识。世界上各民族、各阶层、各党派、各国家,都应当自觉维护、共同遵守礼仪。尤其在公共场所，更要遵守礼仪规范，否则将受到公众的批评和指责。例如，在马路上，要遵守行人走人行道，骑自行车走右侧自行车道，遇红灯要止步、见绿灯才通行等规则。在日常交往中，尤其是拜访他人或求人办事之时，要遵时守约、诚恳待人。

3. 适度原则

俗话说"礼多人不怪"，但在实际生活中，礼多了人也怪。热情过度、礼节繁多，会显得太过迂腐，反而让人反感、厌恶。例如，招待宾客时，周到地为客人端茶添水，请人就座，这都在情理之中；但如果宾客第一次来访，用餐之后起身告辞，主人却硬要留人夜宿，反而会显得太过热情，让人为难，甚至会引起对方的反感。因此，人际交往中言行举止既要合乎规范，又要得体适度。俄国短篇小说家契诃夫《小公务员之死》中的主人公"小公务员"，就是礼仪不适度的典型案例。

4. 自律原则

个人是礼仪行为的实施者，应当首先"从自我做起"，要人前人后一个样，要一视同仁，才能创造出自然和谐的相处氛围。礼仪规范不是用来约束别人的，而是用来修正自己的言行，不断完善自我的行为准则。如果一味地苛求别人而放纵自己，只会变成"孤家寡人"。因此，在学习、应用礼仪过程中，最重要的是要自我要求、自我约束、自我检视、从我做起。要加强自身修养，完善个人人格。古人常将"慎独"二字写成书法作品挂在书房作为一种修身养性的方法，就是时时提醒自己独处时也要"谨小慎微"。其实，不断地自律就逐渐形成了习惯，所谓"习惯成自然"就是这个道理。养成良好的习惯，既可消除自我约束的感觉，也可使自律成为自觉。

（二）礼仪的功能

礼仪是人类精神和物质文明成果的精髓，内容丰富，应用广泛，无论是对社会的和谐进步，还是对经济的发展，都有极大的促进作用，具体体现在以下几个方面。

1. 教育作用

礼仪以一种道德习俗的方式对社会中的每一个成员发挥维护社会正常秩序的教育作用。人们通过礼仪的学习和应用，建立新型的人际关系，从而在交往中严于律己、宽以待人、互尊互敬、互谦互让，讲文明、懂礼貌，和睦相处，形成良好的社会风尚。陶行知校长用四块糖果教育学生要守时，要勇于承认自己的错误，要懂得尊重他人的故事就是在用礼仪教育人、塑造人。

2. 美化作用

礼仪之美在于它帮助人们美化自身、美化生活，从而美化整个社会。个人形象，包括仪容、仪表、仪态、谈吐、教养等，在礼仪方面都有各自详尽的规范，因此学习和运用礼仪，有益于人们更好地、更规范地设计和维护自身形象，充分展示个人的良好教养与优雅风度。如面带微笑、有礼貌地跟人打招呼，不小心碰撞他人时说声"对不起"，大庭广众之下轻声细语，这些都能展现自己美的形象。作为社会成员的每个人变美了，整个社会也就变美了。

3. 协调作用

礼仪作为人们在社会生活中逐渐形成的行为规范和准则，它约束着人们的态度和动机，规范着人们的行为方式，维护着社会的正常秩序，协调着人与人之间的关系，在社会交往中发挥着巨大的作用。比如，上班前向父母打个招呼，见到同事热情问好，这些看似细小的礼节礼貌，会像一条美丽的纽带，把自己同对方紧密地联系起来，协调与他们之间的关系，从而获得周围人的认可与赞美，营造良好的人际交往氛围，让生活环境更加舒心、更加和睦。

4. 沟通作用

自觉遵循礼仪规范，能使交往双方的感情得到良好的沟通，在向对方表示尊重、敬意的过程中，获得对方的理解和尊重。例如，在社交场合司空见惯的握手礼，是古时人们为了表示友好，扔掉手上的工具，摊开手掌，双方击掌，示意手中没有任何武器，不会攻击对方。后来逐渐演变成双方握住右手，相互寒暄致意的见面礼节。这样的无声语言，起到了互致友好、沟通情感的作用。

习近平总书记在党的十九大报告中指出："社会主义核心价值观是当代中国精神的集中体现，凝结着全体人民共同的价值追求。要以培养担当民族复兴大任的时代新人为着眼点，强化教育引导、实践养成、制度保障，发挥社会主义核心价值观对国民教育、精神文明创建、精神文化产品创作生产传播的引领作用，把社会主义核心价值观融入社会发展各方面，转化为人们的情感认同和行为习惯。坚持全民行动、干部带头，从家庭做起，从娃娃抓起。深入挖掘中华优秀传统文化蕴含的思想观念、人文精神、道德规范，结合时代要求继承创新，让中华文化展现出永久魅力和时代风采。"文明礼貌、助人为乐、爱护公物、保护环境、遵纪守法是中华优秀传统文化蕴含的思想观念、人文精神、道德规范。礼仪修养既属于道德规范体系中的社会公德，是社会主义精神文明的内容；也符合千百年来优良传统的习惯，是适应最大多数人需要的道德伦理规范。因此，礼仪是和谐社会的基本要求，是人们希望有安定和平生活环境、有正常社会秩序的共同要求，更是和谐社会中全体公民为维系社会的正常生活而共同遵循的最基本的公共生活准则，是不可或缺的行为规范。

第二节　餐饮礼仪概述

案例导入

这是我的学生玄君跟我讲过的她的一个故事：

小时候，我非常受妈妈的朋友们的欢迎。每次叔叔阿姨们聚餐，他们总要妈妈带我一起去。餐桌一般都是转盘型的，这样上菜之后，可以使坐在不同位置的人都能够充分品尝到每一道菜肴。

我虽然比较懂事听话，但却是一个非常挑食、口味刁钻的孩子。遇到自己喜欢的菜时，恨不得把盘子从桌上端到自己面前；遇到不喜欢的菜时，即使妈妈把菜夹进我的碗里，我也会重新把菜夹回给妈妈。因为年龄比较小，我对餐桌上的礼仪没有什么概念，只知道：这道菜我喜欢吃、想吃，就要转桌子让自己快点吃到；这道菜不想吃，我就要快点把它转走。有一次参加长辈的聚餐时，眼看着自己非常喜欢的菜要被别人吃完了，而若是按照通常的转盘速度来移动的话，那道菜还要很久才会转到我面前。情急之下，我伸手就要转动桌子的转盘。这时，妈妈非常严肃地拉回了我的手，说道："你虽然还小，但是要懂规矩。别人夹菜时，你是不能转动转盘的。"平时，妈妈为了让有些营养不良的我吃饱吃好，总是用尽心思、千方百计地鼓励我多吃点。第一次见她让我在餐桌上先等等，别急着吃喜欢的菜，倒是有些新奇。虽然有些不情愿，但我还是乖乖地缩回了手。时至今日，小时候的很多事情我都已经淡忘了，唯独妈妈教给我的餐桌上的礼仪却让我记忆犹新。的确，生在中国这样一个礼仪之邦，礼仪对每个人的成长教育都至关重要，而它也并不是什么宏大、遥远的概念，有时餐桌上的一举一动、一言一行，一个小小的细节，就能够彰显出一个人的家教、素养和文化。

一、礼仪与餐饮礼仪

中国的礼仪文化源远流长，内容包含方方面面，对当代中国人的待人处事和思维方式产生了深远的影响。而餐饮礼仪更有着悠久的历史渊源，所谓"民以食为天"，可见餐饮在中国人心中的分量和地位，餐饮礼仪也自然丰富而繁复了。春秋末期的孔子就曾经提到过："乡人饮酒，杖者出，斯出矣。"意思是说，在举行乡饮酒礼这样的聚会之后，只有等到拄着拐杖的老年人都离席了，自己才能够离席。《弟子规》也提到："或饮食，或坐走，长者先，幼者后。"意思是说，不管是开始吃饭，还是坐着准备站起来离开，都应该是年长者优先，年幼者在其后。这些都说明古人心中早就有了这种与饮食相关的礼仪意识和各种规矩。

今天，我们依然能在餐桌上感受到礼仪给人们带来的和谐与美好。记得我小的时候，爷爷就总是教导我们兄妹三人：吃饭的时候，不可高谈阔论、唾沫四溅；长辈没有落座时，晚辈不可先坐下；长辈没有动筷子时，晚辈不可先动筷子；吃饭时不可端着饭碗离开桌子到处游走；吃年夜饭时桌上的鱼不可夹动，要保持完整，留到大年初一早上再吃，讨"年年有余"的好彩头。甚至吃饭时筷子该怎么握，饭碗该怎么端，爷爷都会教给我们标准的范式……当时觉得爷爷的"清规戒律"真多。现在想来，正是爷爷的严格要求，让我们兄妹自小就懂得很多餐饮文化和餐饮礼仪。这也恰恰说明，中国的餐饮文化和餐饮礼仪博大精深、源远流长，植根于普通民众的心中。

中国并不是世界上唯一重视餐饮礼仪的国家，西方许多国家也都拥有独特的餐饮文化与餐饮礼仪。这种礼仪小到餐具的摆放，大到宾客的座位、菜肴的安排，都有一定的学问与内涵。掌握餐桌上的礼仪，不仅掌了一门优雅吃饭的技能,更能在仪态礼节、餐具使用、菜品食用等方面表现出自律和敬人的行为,从而给家人、朋友、同事和领导留下良好的印象。

二、餐饮类别

要学习餐饮礼仪,我们就不能不先了解餐饮类别,因为不同的餐饮类别有不同的餐饮礼仪。中餐有粤菜、川菜、鲁菜、浙菜、闽菜、湘菜、徽菜、苏菜八大菜系;西餐则有法餐、意餐、英餐、美餐等多种带有不同地域特色的菜肴。文化生活环境的差异,造就了餐饮类别的丰富多彩。而正是这些丰富的餐饮类别,衍生出了与此相适应的餐饮礼仪。

其实,菜品的特点与食材、烹制方法都有一定的关系。中餐善于通过焖、炒、煮等具有中国特色的烹饪方式,制作出具有中国风味的菜品。而这一点,是世界上很多国家的菜系都不具备的。

(一) 中餐菜系

中式蒸菜

中国饮食文化的菜系,是指在一定区域内,由于气候、地理、历史、环境、物产及饮食习惯等的不同,经过漫长历史演变而形成的一整套自成体系的烹饪技艺和风味,并被全国各地所公认的地方菜肴。中餐中最著名的当属"八大菜系",即粤菜、川菜、鲁菜、苏菜、浙菜、闽菜、湘菜、徽菜。而"八大菜系"之外的东北菜、豫菜、鄂菜、京菜、本帮菜、清真菜等,也具有一定的影响力。

(二) 西餐类别

"西餐"这个词是由其特定的地理位置决定的。"西"是西方的意思，一般指欧洲各国。我们所说的西餐，主要包括西欧国家的饮食菜肴，同时还包括东欧、地中海沿岸和拉丁美洲（如墨西哥）等国家的菜肴。而东南亚各国的菜肴一般统称为东南亚菜，但也有独为一种菜系的，如印度菜、越南菜、泰国菜等。西餐一般以刀叉为餐具，以面包为主食，多以长形桌台为餐台。西餐的主要特点是主料突出，形色美观，口味鲜美，营养丰富，供应方便等。西餐大致可分为法式、英式、意式、俄式、美式、地中海等多种不同风格的类别。不同类别西餐的特点及文化，将在第三章中专门介绍。

西餐

三、独特的餐饮文化

不同地区有不同的餐饮类别，形成了不同的餐饮习惯，也就构成了不同的饮食文化。了解当地的饮食文化，掌握相应的餐饮礼仪，就能更好地"入乡随俗"。下面列举一些地区独特的、有趣的餐饮文化。

(一) 中国

1. 河南地区的文字禁忌

在河南地区，宴请客人时忌问客人"吃醋不吃醋"，因为忌讳"醋"字。家中来客人，打荷包蛋时，忌打两个鸡蛋（"二蛋"有点"二球"的意思，俗谓"傻瓜"之意），一般都是打四五个鸡蛋才显得热情。招待客人吃水果时，忌讳两人分吃一个梨，因为避讳"分离（梨）"二字。

2. 沿江沿海地区的吃鱼禁忌

在沿江沿海地区吃鱼，或者是和家中从事渔业的人吃鱼时，在吃完鱼的一面之后不能用筷子把鱼翻过来吃另一面。要吃鱼另一面的肉时，直接吃即可。因为"翻鱼"这个动作，在从事渔业的人眼中有翻船的意味，是不祥的征兆。

3. 穆斯林特定食品禁忌

与回族朋友一起吃饭时，要回避猪肉类制品。如果正在吃猪肉时遇到了回民，也要予以回避，更不能大口吃着猪肉，还在回民面前发出很响的声音。

4. 闽粤地区餐具摆放禁忌

在闽粤地区，吃饭时不要把筷子竖直插在米饭里；因为这个造型类似于给故人祭祀时的样子，会破坏聚餐时的祥和气氛。

5. 中国的"灶王"文化

中国人不仅十分注重吃的艺术及礼仪，甚至会敬拜由"火神"衍生而来的"灶君"，认为"灶君"能保佑厨房避开火灾及各种不幸事件的发生。每年腊月二十三的晚上，各家都准备了一顿美味佳肴祀奉"灶君"，也就是民间传统的"祭灶"。而在大年三十的时候，人们会把灶王爷再请回家。也就是说，从腊月二十三到年三十是灶王爷回天上的日子，他会把人间的好事向玉帝禀报，来回正好是7天，所以民间有"上天言好事，下凡降吉祥"一说。"祭灶"的食品包括一只完整的鸡、烧猪、多样蔬菜、米饭等，以感谢"灶君"过去一年里对人们的保佑。人们通常会把餐桌放在"灶君"的面前，把佳肴放在桌上的左侧，供奉数小时后才拿走食物。

（二）印度

1. 独特的开饭时间

印度人通常一天只吃两顿饭：第一餐在上午8点以后，第二餐基本在晚上8点以后；但是，部分习惯西式生活的印度人也会每日吃三餐，每餐包括开胃菜、汤、主菜和甜点。根据个人食量点菜，也可以不要开胃菜。

2. 吃饭时的速度控制

如果和印度人同桌吃开胃菜，吃得太快或太慢都是不好的，应尽量保持与对方相同的速度把菜吃完。甜点和茶一定要等到饭后再端上餐桌，否则也是对客人很不礼貌的行为。

3. 左右手使用的区别

印度人一般仅用右手抓取食物，而左手绝对不能接触食物。印度人认为，左手是专门用来处理不洁之物的。因此吃饭时，他们的左小臂一般沿着桌边贴放，左手垂放于桌面以下，或是干脆把左手藏在隐蔽的地方。

用餐结束后，服务员会给客人用小碗端来洗手水，水里漂着用于清洁的柠檬片和用于装饰的花瓣，只能清洗右手。

（三）日本

1. 饭前饭后的敬语

在日本，开始用餐之前，客人会很虔诚地说 i ta da ki ma su（我要开始用餐了）；客人吃完后要说 go chiso sama（deshita）（承蒙款待了）。

2. 允许发出响声的特殊习惯

日本人吃面条时，喜欢直接从汤碗里把面吸啜入口，而且一定会发出响声。依据日本人的习俗文化，吃面条时发出响声是表示面食味道很美，也是对厨师表示赞赏的方式。

3. 日本的祝酒习惯

日式饭食通常会备有日本米酒，日本人喜欢在用餐时喝米酒。他们通常会在互相祝酒后才开始用餐，即使客人不想喝，主人都希望客人会假装喝一小口。

（四）其他国家

1. 小费礼仪

在餐馆用餐完毕后，一般应给服务生小费。小费按惯例是税前账单的15%~20%。就餐环境越高级，小费的比例也越高。如果同来就餐者超过一定数量，餐馆一般会在餐费中硬性包含18%左右的服务费作为小费。自助餐（Buffet）通常不用付小费。对于送餐服务的小费，视个人喜好，一般为5%~10%；路途遥远或者订餐数量大的，应适当增加小费。快餐店、咖啡馆、杂货店等，有时在收款台旁放一只空罐子，以便客人投放小费；但这与在餐馆就餐不同，毕竟你享受到的服务不多，不给小费也没什么。

2. 法国的餐具礼仪

法国人十分讲究饮食。在西餐中，法国菜可以说是最讲究的。法国人用餐时，两手可以放在餐桌上，但不许两肘支在桌子上。在放下刀（或叉）时，他们习惯于将其一半放在碟子上，一半放在餐桌上。

3. 法国人聚餐时的话题选择

在法国，一顿晚餐经常会吃上几小时，那是因为人们在餐桌上不停地交谈。法国人非常喜欢在吃饭时交谈，并且聊天时几乎是天南海北，无话不谈；但是要注意，话题最好不涉及政治、性、宗教，不得谈论他人的隐私和疾病。

4. 带刺食物的正确食用方法

吃鱼、肉等带刺或带骨头的菜肴时，不要直接外吐，可用餐巾捂嘴轻轻吐在上面放入盘内。盘内剩余少量菜肴时，不要用叉子刮盘底，更不要用手指相助食用，应以小块面包或叉子相助食用。吃面条时，要用叉子先将面条卷起，然后送入口中。

5. 德国人宴请宾客的习惯

德国人在宴会上和用餐时，注重"以右为上"的传统和"女士优先"的原则。德国人举办大型宴会时，一般在两周之前发出请柬，并注明宴会的目的、时间和地点。

四、宴请礼仪

随着经济的发展，宴请成了人们交往应酬中迎送宾客、结识新友、畅叙感情、增进交流的重要形式，发挥着无可替代的作用。所以，宴请礼仪也成了与人交往时必须懂得的常识。

（一）宴请的种类

宴请的种类，可以按宴请的形式或宴请的目的来划分。一般根据宴请的目的、宴请的对象和经费开支等因素，来决定采用哪种宴请形式。

1. 按宴请的形式划分

大致可分为宴会、招待会、茶会和工作餐。

（1）宴会。宴会是属于较为正式而隆重的招待，是主人请宾客吃饭、喝酒，一般是正餐。出席者按主人安排的席位就座，由服务员顺次上菜。

宴会有国宴、正式宴会、便宴、家宴之分。按举行宴会的时间，又有早宴（早餐）、午宴、晚宴之分。宴会的隆重程度、出席规格以及菜肴的品种与质量等，根据宴会的种类而有所不同。一般来说，晚上举行的宴会比白天的宴会更隆重。

国宴，是国家元首或政府首脑为国家的庆典，或为外国元首、政府首脑来访而举行的正式宴会，因而规格最高，程序、安排、礼仪上都有十分严格的要求。宴会厅内悬挂国旗，安排乐队演奏国歌及席间乐，席间有致辞或祝酒辞。

国宴

正式宴会

正式宴会，除不挂国旗、不奏国歌和出席规格不同外，其余安排大体与国宴相同。有时也安排乐队奏席间乐，宾主均按身份排位就座。对餐具、酒水、菜肴道数、陈设，以及服务员的装束、仪态等都有相应的要求。通常菜肴包括汤和几道热菜：中餐一般用四道，也会视用餐人数而定，但均为双数；西餐用二三道，另有冷盘、甜食、水果。席间一般用两种酒：一种为甜酒；一种为烈性酒。有条件的可设休息室，餐前可先在休息室内稍事叙谈，通常上茶水、果汁等饮料。如无休息室，也可直接入席。餐后一般不再回休息室内座谈，也不再上饭后酒。

便宴，即非正式宴会，常见的有午宴、晚宴，有时也有早上举行的早宴。便宴形式简便，可以不排席位，不安排正式讲话，菜肴道数酌情而定（但仍需双数）。便宴较随便、亲切，常用于日常好友交往。

家宴，即在家中设便宴招待客人。西方人喜欢采用这种形式，以示亲切友好。家宴往往由主妇亲自下厨烹饪，家人共同招待，气氛温馨融洽。

（2）招待会。招待会是指各种不备正餐、形式较为灵活的宴请形式，通常备有食品、酒水饮料，一般都不排席位，可以自由活动。常见的有：

① 冷餐会（又称自助餐）。这是较为通行的西式宴会，多见于大型商务活动中。应邀者可在用餐时自选喜欢的食物或饮料，随意而坐；可与他人一起用餐，也可独自用餐。其主要特点是能充分调动用餐者的主观能动性。冷餐会提供的食物以冷食为主，包括一些具有地方风味的冷菜、饮料。冷餐会规格、隆重程度可高可低，举办时间一般在12—14时、17—19时。

冷餐会

② 酒会（又称鸡尾酒会）。这种招待会形式较活泼，便于广泛接触交谈。招待食品以酒水为主，略备小吃，不设座椅，仅置小桌或茶几，以便客人随意走动。酒会举行的时间较灵活，中午、下午、晚上均可。请柬上往往注明整个活动延续的时间，客人可在其间任何时候到达和退席，来去自由，不受约束。

鸡尾酒是用多种酒配成的混合饮料。酒会上不一定都用鸡尾酒，但常用的酒类品种较多，并配以各种果汁，不用或少用烈性酒。食品多为三明治、面包、小香肠、炸春卷等各种小吃，以牙签取食。饮料和食品由服务员用托盘端送，或部分放置于小桌上由宾客自取。

近些年来国际上举办大型活动时采用酒会的形式日渐普遍，庆祝各种节日、欢迎代表团访问，以及各种开幕、闭幕典礼，文艺、体育招待演出前后往往举行酒会。自1980年起，我国国庆招待会也改用酒会的形式。

酒会

③ 茶会。这是一种简便但不失高雅的招待形式，举行的时间一般在16时左右，也有10时左右举行的。茶会的地点通常设在客厅或休息室，而不用餐厅。室内设茶几、座椅，不排席位。但如果是为某位贵宾举行的活动，入座时有意识地将主宾同主人安排坐到一起，其他人随意就座。茶会，顾名思义，是请客人品茶，因此茶叶、茶具的选择要有讲究，或具有地方特色。一般用陶瓷器皿，而不用玻璃杯。

茶具

（3）工作餐。工作餐是现代人际交往中经常采用的一种非正式宴请形式，有的甚至由参加者各自付费（采用AA制）。大家利用进餐时间，边吃边谈工作中的问题。工作餐不必拘泥于形式和档次，重在创造一种有利于双方进一步接触的愉悦、和睦、友好的氛围。由于平时社会活动比较频繁，能聚餐的时间也较少，一起共进工作餐是商务人士较常见的沟通交流方式，通常都安排在工作日的午间或工作间歇时段。

2. 按宴请的目的划分

（1）礼节性质的宴请。为迎接重要的来宾或政界要员的公务性来访，为庆祝重大节日或重要的仪式而举行的宴会。这种宴请有一定的礼宾规格和程序，有较严格的礼仪要求。

（2）交谊性质的宴请。主要是为了沟通感情、表示友好、发展友谊而举行的宴请，如接风、送行、告别、聚会，等等。

（3）工作性质的宴请。主人或参加宴会的人是因为工作关系而举行的宴请，以便在餐桌上商谈工作。

(二) 宴请的原则

宴请通常遵循国际通用的"5M"原则。

1. Meeting——约会、定时

首先要确定宴请时间，时间要尊重宴请对象进行选择。

2. Money——节俭、务实

强调宴请的花费要量力而行，不要铺张浪费或过度消费。

3. Menu——菜单

注意选择菜品，要考虑被宴请人的喜好、习惯、禁忌等，不可自作主张。

4. Medium——介质，即宴请的环境

环境很重要，它决定了宴请的档次和水准。

5. Manner——举止

宴请是一种较高档次的交往活动，一定要注意自己的行为举止。

(三) 宴请的准备

宴请对宾客而言是一种礼遇，必须按照规格及有关礼仪礼节的要求来做好充分的准备。

1. 宴请的目的和对象

宴请目的不是单一的，它可以是为某一个人，也可以为某一件事。较为正式的如为感谢对方的帮助，为某人的到任或者离任，为某项工程的动工或竣工，等等。不太正式的如朋友间的宴请，领导为与下属之间加深印象、拉近距离的宴请，老同学的聚会，等等。

宴请对象，是指宴请哪些人、宴请多少人、请什么人作陪，等等。

明确了宴请目的和宴请对象之后，如果是比较正式的宴请，则要准备邀请函。被邀请人的姓名、职务、称呼，甚至对方有无配偶参加，都要核对准确。

2. 宴请的形式和规格

宴请形式和规格，在很大程度上取决于当地的习惯做法。一般来说，正式的、规格高的、人数少的，以宴会为宜；人数多的，以冷餐会或酒会更为适宜；妇女界活动，多用茶会。

目前，秉承厉行节约的原则，很多公务活动、商务活动都在简化，宴请范围趋向缩小，形式更为简便，提倡多举办冷餐会和酒会以代替宴会，而且中午举行的酒会往往不请配偶。不少国家招待国宾的宴会，也只请身份较高的陪同人员，不请随行人员。

3. 宴请的时间和地点

宴请时间应尽量满足主人、客人双方的需求。

宴请地点的选择要按活动性质、规模大小、形式、客人意愿及实际可能而定，选定的场所要能容纳全体人员。举办小型的正式宴会，在条件允许的情况下，宴会厅外可另设休息厅（又称等候厅），用于宴会之前的简短交谈，待主宾到达后一起进宴会厅入席。

社交活动中的用餐不再仅仅是吃饭而已，它是以联络感情、沟通信息

为目的的,那么用餐地点的选择就非常重要,它直接影响着用餐的效果。选择用餐地点时要考虑环境、卫生、交通三方面的因素。

就餐环境要优雅、安静。宴请不仅是吃食物,也是吃文化。如果就餐环境乱糟糟,档次很低,即使菜肴再丰美,也让人没有心情。而良好的就餐环境可以让人心情愉悦,使宴请锦上添花。宴会环境包括室内场地大小、室内陈设和装饰、餐厅灯光、色彩等因素,在选择用餐地点时都要考虑到。

外出用餐时,人们最担心的就是是否洁净、卫生,所以在选择宴请地点时,一定要考虑到卫生的因素,尤其是菜品的环保卫生,当然也包括环境、餐具、服务员的精致整洁等方面的卫生。

宴请时还要充分考虑宴请地点周围的交通是否便利,停车是否方便。如果兴致勃勃地来到一家餐厅,但由于没有车位,来回转上很多圈,就未免让人扫兴,也很浪费时间。

4. 请柬的制作和使用

请柬一般被广泛应用在政界或商界档次很高、精心安排组织的大型宴会中。请柬上要写清楚宴请的名义、时间、地点,有的还要对服装提出要求,以及是否需要带异性伴侣。如果是招待会,则要写明开始时间和结束时间。

如果是多桌宴会,对赴宴者的座次有要求,还应在请柬上注明对方所在的桌次,并在宴会厅悬挂桌次排列示意图,或安排引导员引导来宾就座,或者在每张餐桌上摆放桌次牌。

国际上习惯给夫妇两人送一张请柬。在国内需要凭请柬入场的场合,注意要给每人都送一张请柬。请柬至少要提前三天或更早送达,以便被邀请者做好各种准备。

延伸阅读

[1] 姬仲鸣,周倪. 孔子:上卷[M]. 北京:中央民族大学出版社,1998.

[2] 姬仲鸣,周倪. 孔子:下卷[M]. 北京:中央民族大学出版社,1998.

[3] 杨朝明. 荀子[M]. 开封:河南大学出版社,2008.

[4] 黄怀信. 大学 中庸讲义[M]. 北京:清华大学出版社,2013.

[5] 司马光. 资治通鉴[M]. 太原:北岳文艺出版社,2013.

［6］刘同. 谁的青春不迷茫［M］. 北京：中信出版社，2012.

［7］李清如. 跟杨澜学做完美女人［M］. 武汉：武汉出版社，2012.

［8］周小平. 请不要辜负我们这个时代［M］. 海口：南海出版公司，2014.

［9］李世化. 商务宴请礼仪规范［M］. 北京：企业管理出版社，2015.

［10］黄伟迪. 如何成为一名出色的点菜员［M］. 南京：江苏美术出版社，2012.

［11］李维冰，丁章华. 外国饮食文化［M］. 北京：中国商业出版社，2006.

视频链接

1. 中国大学精品视频公开课《现代礼仪》第一讲。http：//www. icourses. cn/web/sword/portal/videoDetail？courseId＝c90fe3c3－1332－1000－9af0－4876d02411f6。

2. 国家精品在线开放课程（慕课）《现代礼仪》第一章、第七章。http：//www. icourse163. org/course/HNU－20005。

3. 中央电视台10频道《百家讲坛》特别访谈节目《解读于丹》。

4. 中央电视台10频道《百家讲坛》之《金正昆谈礼仪：宴会礼仪》。http：//tv. cntv. cn/video/VSET10/1769c8969d3e4fad9d7c36d7a7f73be6。

第二章 中餐礼仪

　　中华饮食文化源远流长。在注重礼仪、讲究民以食为天的国度里,饮食礼仪自然成为饮食文化的一个重要部分。随着中西方饮食文化的不断交流,中餐越来越受到外国人的青睐。中餐的饮宴礼仪号称始于周公,经过千百年的演变后,形成了今天大家普遍接受的一套饮食进餐礼仪。从餐桌的摆放、位次的安排、菜品的搭配、餐具的使用,到用餐时的言行举止,都有约定俗成的礼仪规范。这些礼仪规范,既是古代饮食礼制的继承和发展,也是展现服务质量与理念的载体,更是当代人素质和教养的体现。

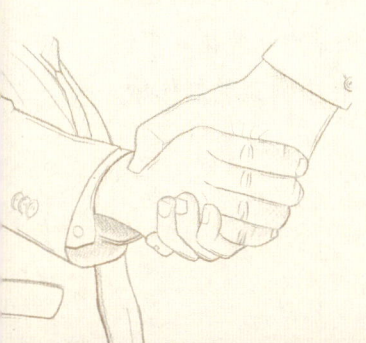

第一节　中餐概述

案例导入

田先生是一家公司的业务经理。一次，他因为工作上的需要在国内设宴招待一位来自英国的生意伙伴。有意思的是，那一顿饭吃下来，令对方最为欣赏的，倒不是田先生专门为其准备的丰盛菜肴，而是田先生在陪同对方用餐时细微的举止表现。用那位英国客人的原话来讲就是，"田先生，您在用餐时一点儿声响都没有，交谈也是轻言细语。尤其是用餐完毕后，您没有像许多中国人一样，拿起牙签就当众剔牙，而是悄悄站起来去了卫生间。这使我感到你的确具有良好的教养。我是一个很注重细节的人，我愿意与有良好教养的人成为合作伙伴。"

中餐（Chinese food），即指中国风味的餐食菜肴。除了第一章介绍的"八大菜系"外，还有一些在中国较有影响的菜系，如：东北菜、冀菜、豫菜、鄂菜、本帮菜、客家菜、赣菜、京菜、清真菜等。中华民族历史悠久，饮食文化源远流长。中国疆域辽阔，中餐菜品更是丰富多彩、不胜枚举，但天南地北的菜品还是有其共性。

一、中餐食材五品

一桌中式的美味佳肴一定是色香味形俱全的，具体而言有如下讲究。

（一）色泽

红白萝卜、红绿黄的辣椒、白色的葱头、黄色的姜片、褐色的木耳香菇等，都是中式菜品的食材。它们不仅让菜品美味可口，而且丰富的色泽让人赏心悦目、食欲大增。有些食材是为了装点颜色用的，比如在鱼翅羹里加一点藏红花，在银耳莲子中加入枸杞，清蒸鱼上撒一点儿葱花（不仅白中带绿会有生气，也可避腥味）。需要注意的是，在中国菜的制作中，任何点缀的东西都应该是可以食用的。

色泽鲜艳

（二）香味

胡椒、茴香、香叶、八角、紫苏等香辛料，主要是为了去除食材的腥、膻或异味，增加食物的香味而设计的一些食材。也有一些高级菜肴（如"叫花鸡"）用荷叶包裹，闻起来有一股清香；在鲜花饼中加入鲜花，吃起来有如临花圃之中，满口生香，回味无穷。

（三）味道

味精、鸡精、生抽等是常用的调味品。好的大厨更是会通过厨艺来让食材本身的鲜味儿得以释放，菜肴中不用调味品。通过选择食材也可以增强食物的

香料

味道，如在虾饺中加入的虾脑使饺子更加鲜美，让你大快朵颐，意犹未尽。

（四）造型

很多菜肴都会特别讲究造型，不仅可以摆成平面图形，有的甚至会有立体的造型。例如，摆成荷花、心形、百鸟朝凤等平面图形，用红白萝卜雕出飞鸟、孔雀、金鱼等立体造型。精美的造型常常让你不知从何处下箸，也不忍心毁掉餐桌上的"艺术品"。

造型美

（五）寓意

食材的挑选、菜品的造型、菜名的取用，都可代表菜肴意境。古时候，举子们赶考时都要吃一条红色鲤鱼，寓意"鲤鱼跃龙门"；"五元蒸鸡"寓意"五福临门"；用煮熟的花生、玉米、板栗、紫薯、芋头或淮山合装的"五谷丰登"，则寓意"五子登科"。总之，中式菜肴总会有一个好听又有寓意的名字，让你总想点这道菜，不仅可饱口福，而且把满满的祝福送给品尝者。

二、中餐烹饪方法

中餐有多种烹饪方法。用不同烹饪方法烹饪的食物，会带给人们不同的口感。

（一）煎

煎，是指往锅里放一点儿油，不用水，慢慢在锅里把食物煎熟的烹饪方法。

一般日常所说的煎，是指用炒锅把少量的油加热，再把食物放进去，使其熟透，食物表面会烧成金黄色乃至微煳。由于加热后食油的温度比用水煮的温度更高，因此煎食物的时间往往较短，方便快捷。煎出来的食物味道也会比水煮的食物更甘香可口，例如煎鱼、煎蛋、煎豆腐、紫苏煎黄瓜、煎饺、韭菜盒子、煎饼、铜锣烧等。

香煎银鳕鱼

（二）焖与煮

焖和煮都差不多，两者都是把食物稍微炒一下，然后加水去焖、煮，直至食物熟透，余下一点点水就可以了。这样做菜虽然耗时多一点儿，但食物中的营养会比煎炒的丢失少一些，如黄焖鸡、水煮牛肉、水煮鱼等。

焖蜗牛

蒸素饺

（三）蒸

蒸，是指把经过调味后的食品原料放在器皿中，再置入蒸笼里，利用蒸汽使其熟透的过程。可分为猛火蒸、中火蒸和慢火蒸三种。例如天麻蒸乳鸽、米粉蒸肉、梅菜扣肉、清蒸螃蟹、清蒸武昌鱼、石灰水蒸蛋等。湖南的浏阳就以蒸菜著名，甚至在长沙街头随处可见"浏阳蒸菜"。

（四）炒

炒在中餐中广泛使用。它是以油为主要导热体，将小型原料用中旺火在较短时间内加热成熟、调味成菜的一种烹调方法。例如番茄炒蛋、宫保鸡丁、醋熘土豆丝、辣子鸡、青椒炒肉等。

韭黄炒牛肚

（五）炸

炸也是中餐烹饪技法的一种，通常是把加工处理好的生料经过调味、腌渍、上色后放入油锅中，先小火，然后火力加大，直至食物外焦内熟，呈金黄或大红色。炸的技法操作简单，烹饪时间较短，口感香脆。常见的菜品有蒜香排骨、油炸带鱼、油炸肉丸、炸鸡翅、炸春卷等。

三、中餐菜品特点

炸春卷

（1）选料上，由于我国多数人在饮食上受宗教的禁忌约束较少，而人们在饮食上又喜欢猎奇，讲究物以稀为贵，所以中餐的选料非常广泛，几乎是飞、潜、动、植全都囊括，无所不食。

（2）原料加工上，中餐厨师非常讲究刀工，可以把原材料加工成细小的丝、丁、块、片、末等刀口，连豆腐都可以切成"发丝"。

（3）烹饪上，中餐做菜一般使用的圆底锅、明火灶都非常适宜炒菜，所以炒的烹调方法用得最普遍。

（4）口味上，中餐菜肴大都有明显的咸味，而且口味较重，富于变化，多数菜肴都是完全熟后再食用。当然，由于我国地域广大，东西南北的口味也有很大差异。

（5）主食上，中餐有明确的主食、副食概念，主食有米、面等多种制品。南方的主食主要是米饭，北方的主食一般是面食。南方人几乎不可一日无米饭，北方人则顿顿可以吃面食，所以山西人可以做出上百种面食。

四、中餐主要菜系

这里我们主要说说八大菜系。

（一）粤菜

"羊城客汕大三元，饕餮敢为天下先。"民间历来流传"食在广州"，所以广州历来被人们称为"美食之都"。粤菜（也叫广东菜），中国特色传统的四大菜系之一，也是中国传统的八大菜系之一，发源于岭南地区。粤菜由广州菜（也称广府菜）、潮州菜（也称潮汕菜）、东江菜（也称客家菜）三种地方风味组成，三种风味各具特色。粤菜在世界各地与法国大餐齐名。由于在海外的广东华侨数量最多，所以世界各国的中餐馆大多以供应粤菜为主。

在粤菜的三种地方风味中，广州菜涵盖珠江三角洲和韶关、湛江等地风味。其特点是：用料丰富，选料精细，技艺精良，清而不淡、鲜而不俗、嫩而不生、油而不腻，擅长小炒，要求火候和油温恰到好处。广州菜还吸取了很多西菜的做法，讲究菜的品质与档次。

潮州菜发源于潮汕地区，汇聚了福建菜和广州菜两家之长，自成一派。以烹制海鲜见长，汤类、素菜、甜菜最具特色。刀工精细，口味清纯。潮州卤水拼盘更是闻名天下，令人垂涎。

潮汕鱼丸

南瓜盅

东江菜起源于广东东江一带，菜品多用肉类，极少水产。其主料突出，讲究香浓，重油，偏咸，味较重，以砂锅菜见长，有独特的乡土风味。

广东早茶就是粤菜的经典菜式，茶餐厅遍布广东省大街小巷，著名的茶点有虾皇饺、干炒牛河、猪脚姜、蟹皇烧卖、萝卜糕、叉烧包、菠萝包等。而文昌鸡、豉汁蒸排骨、豉汁凤爪、菠萝咕噜肉、玫瑰豉油鸡、潮州牛肉丸、潮汕鱼丸、潮州打冷、梅菜扣肉等具有特色的菜品，都属于粤菜菜系的范畴。

粤菜在做法上多采用炖、煮、白灼，所以不仅能够尽量保留菜品的原味，美味可口，而且营养价值很高。粤菜十分注重养生保健，因此煲了几个小时甚至十几个小时的汤品往往是广东人早上餐桌上的菜，青菜也多用白灼的方法。会不会煲汤，甚至成了广东人衡量未过门媳妇是否贤惠的一道"测试题"。

（二）川菜

川菜，即四川菜肴，是中国特色传统的四大菜系之一，也是中国八大菜系之一。川菜可以说是中华料理之集大成者。

川菜风味包括重庆、成都、乐山、内江、自贡等地方菜的特色，主要特点是味型多样。辣椒、胡椒、花椒、豆瓣酱等是其主要调味品，其不同的配比调出了麻辣、酸辣、麻椒、麻酱、蒜泥、芥末、红油、糖醋、鱼香、怪味等各种味型。每一种味型都厚实醇浓，具有"一菜一格""百菜百味"的特殊风味。各式菜点无不脍炙人口，令人直呼过瘾。四川省的省会成都市也因此被联合国教科文组织授予"世界美食之都"荣誉称号。

川菜的三大派类如下：上河帮川菜，是以川西成都、乐山为中心地区的蓉派川菜；小河帮川菜，是以川南自贡为中心的盐帮菜，同时包括宜宾菜、泸州菜和内江菜；下河帮川菜，是以重庆江湖菜、万州大碗菜为代表的重庆菜。三者共同构成川菜三大主流地方风味流派的分支菜系，代表着川菜发展的最高水平。

近现代川菜兴起于明代和民国时期，并在新中国成立后得到创新发展。川菜的代表菜品有：鱼香肉丝、宫保鸡丁、水煮鱼、水煮肉片、夫妻肺片、辣子鸡丁、麻婆豆腐、回锅肉、东坡肘子和东坡肉等。

除了川菜的菜品，四川火锅更是堪称一绝。麻辣锅、鸳鸯锅、清汤锅等不同的锅底，配上各种荤素小碟（如：羊肉、牛肉、午餐肉、猪颈肉、毛肚、各色丸子、鸭血、香菇、木耳、海带、腐竹、冻豆腐、各种青菜等），再蘸上丰富的调料（如：芝麻酱、香菇酱、大蒜泥、生姜末、葱花、香油等），邀上三五好友，在湿冷的冬春时节，围坐在桌边边吃边聊，热气腾腾，其乐融融，驱走寒湿，真是极大的享受。

说到川菜，也不能不提成都小吃。漫步于成都的宽窄巷子、锦里美食街，那麻辣兔头、三大炮、钵钵鸡、担担面、龙抄手、赖汤圆等，都会让

成都鸳鸯火锅

你驻足流连。

(三) 鲁菜

鲁菜，起源于山东，是历史最悠久、技法最丰富、难度最高、最见功力的一种菜系。

三丝鱼翅

"齐带山海，膏壤千里"（《史记·货殖列传》）。山东省位于黄河下游，气候温和。省内汇聚了大河、大湖、丘陵、平原、大海等，为鲁菜食材的丰富与均衡提供了天然的保障，而丰富的食材又直接激发了鲁菜多种多样烹饪技法的诞生，几乎对每种食材都有不同的烹饪技法。齐鲁大地得天独厚的物质条件，加上儒家学派两千多年"食不厌精，脍不厌细"的理念，终于造就了鲁菜菜系的丰富多彩。

2500年前，山东的儒家学派奠定了中国饮食注重精细、中和、健康的审美取向；1600年前，《齐民要术》总结的黄河中下游地区的"蒸、煮、烤、酿、煎、炒、熬、烹、炸、腊、盐、豉、醋、酱、酒、蜜、椒"，奠定了中式烹调技法的框架；明清时期，大量的山东厨师和菜品进入宫廷，使鲁菜雍容华贵、中正大气、平和养生的风格特点得到进一步升华。

鲁菜的经典菜品有一品豆腐、葱烧海参、三丝鱼翅、白扒四宝、糖醋黄河鲤鱼、九转大肠、油爆双脆等。

（四）苏菜

扬州狮子头

苏菜，中国经典八大菜系之一。由于苏菜与浙菜相近，因此又常将它和浙菜一起统称江浙菜系。苏菜主要由金陵菜、淮扬菜、苏锡菜、徐海菜等地方菜组成。苏菜的主要特点是：据才施艺、刀工精细；味感新鲜，浓而不腻；强调本味，清淡可口；四季有别，造型讲究。苏菜口味趋甜，以烹制四季佳蔬、江河湖鲜见长，尤其擅长制汤。其代表菜有：大煮干丝、扬州狮子头、叫花鸡、水晶虾仁、发丝豆腐。著名的松鼠鱼就是苏菜的经典菜品。

苏菜中的金陵菜来自南京，制作精细，口味平和，善用蔬菜，以"金陵三草"（菊花涝、枸杞头、马兰头）和"早春四野"（芥菜、荠菜、芦蒿、野蒜）驰名。淮扬菜，其中"淮"是指以淮安一带为代表的淮河流域的菜品，"扬"是指以扬州一带为代表的长江流域的菜品。淮扬菜讲究选料和刀工，擅长制汤。无锡菜，来自无锡、苏州和常熟，常用酒糟调味，以烹饪各类水产品见长。徐海菜，来自徐州和连云港，以烹制海产品和时蔬见长。

（五）浙菜

浙江菜系，简称浙菜，由杭州、宁波、绍兴的地方风味发展而成。古语有云："上有天堂，下有苏杭"。浙江省位于我国东海之滨，北部水道成网,素有"鱼米之乡"的美誉;西南丘陵起伏,盛产山珍野味;东部沿海渔场密布,水产资源丰富,有经济鱼类和贝壳水产品数百种。浙江物产丰富,佳肴肥美,独具特色,有口皆碑。浙菜的特点是:讲究刀工,制作精细,变化多样,富有乡土气息。浙菜的代表菜品有:西湖醋鱼、龙井虾仁、干炸响铃、油焖春笋、西湖莼菜汤等。因为浙菜的口感和风格与苏菜非常接近,所以又常常与苏菜合称为江浙菜。

(六)闽菜

闽菜发源于福州,是以福州菜为基础,后融合闽东、闽南、闽西、闽北、莆仙五地风味菜而形成的菜系。狭义的闽菜仅指福州菜,最早起源于福建福州闽县,后来发展成福州、闽南、闽西三种流派,这就是广义的闽菜了。

由于福建人民经常往来于海上,于是菜品也逐渐形成一种带有开放特色的独特的菜系。闽菜以烹制山珍海味而著称,在色香味形俱佳的基础上,尤以"香""味"见长。其清鲜、和醇、荤香、不腻的风格特色,以及汤路宽泛的特点,在我国传统的菜系中独具一席。福州菜淡爽清鲜,讲究用汤提鲜。闽南菜主要来自厦门、漳州、泉州一带,讲究佐料调味,重鲜香。闽西菜则来自长汀、宁化一带,偏重咸辣,多烹制山珍,所以具有浓郁的山区风味。因此,闽菜形成了三大特色:一是长于红糟调味;二是长于制汤;三是长于使用糖醋。

"佛跳墙"这道脍炙人口、蜚声海内外的名菜,就属于闽菜菜系。"佛跳墙",又名满坛香、福寿全。相传,在清道光年间由福州聚春园菜馆老板郑春发研制而成。"佛跳墙"营养极为丰富,可促进身体发育,增强免疫力,又可美容养颜、延缓衰老,可谓老少皆宜,是进补的佳品。除了"佛跳墙"之外,著名的闽菜还有:漳州卤面、莆田卤面、海蛎煎、沙县拌面、厦门沙茶面、面线糊、闽南咸饭、兴化米粉等。最近这些年,福建的沙县小吃可谓遍布全国各地,至少长沙、深圳等地的大街小巷随处可见。

(七)湘菜

湘菜,也就是湖南菜,早在汉代时就已经形成菜系。湘菜以湘江流域、洞庭湖区和湘西山区的地方风味为主。

湖南既有"八百里洞庭"的广阔水域,又有山色独特的世界自然奇观张家界所处的湘西山区，所以既有品种丰富多样的淡水鱼，又有各类山珍。而湖南地处温带，四季气候比较分明，冬春潮湿阴冷，夏季炎热，秋季干燥，所以湖南人既能吃辣，又喜欢腌制腊制品。菜中放辣是为了祛寒

长沙香辣小龙虾

湿，宋祖英的一曲《辣妹子》，让全世界的人都知道了湖南人"怕不辣"的性格。到过湖南的人更是知道，要让湖南的厨师做菜不放辣椒，他可能就不会做菜了。喜欢腌制腊制品，是为了储藏食物。在山区，有时捕获了一头野猪，一下子吃不完，将其腌制烟熏后，可以长时间储存，再慢慢享用。所以，"辣"和"腊"可以说是湘菜的特色。

湘菜制作精细，用料比较广泛，口味多变，品种繁多；色泽上油重色浓，讲求实惠；品味上注重香辣、香鲜、软嫩；制作上以炒、炸、蒸、炖、煮等技法见长。

传统的湘菜菜品主要有：红烧肉、东安鸡、永州血鸭、石锅鱼、腊味合蒸等。现在的湘菜代表菜品有：剁椒鱼头、辣椒炒肉、湘西外婆菜、吉首酸肉、牛肉粉、郴州鱼粉、宁乡口味蛇、香辣小龙虾等。闻名世界、遍布长沙大街小巷的"臭豆腐"，更是外焦里嫩，闻着臭，吃起来香，是长沙著名的小吃。

（八）徽菜

徽菜是一个古老的菜系，历史悠久，是我国饮食百花园中的一朵奇葩。徽菜菜系也叫作"徽帮""徽州风味"，是中国八大菜系之一，主要来自安徽。徽菜是古徽州的地方特色，这里独特的地理人文环境赋予徽菜独有的味道。由于明清时徽商的迅速崛起，这种地方风味逐渐进入市肆，流

传于苏、浙、赣、闽、沪、鄂,以至长江中下游地区,具有广泛的影响。明清时期,徽菜一度居于八大菜系之首。

根据2009年出版的《中国徽菜标准》,正式确定徽菜为皖南菜、皖江菜、合肥菜、淮南菜、皖北菜五大风味。不同的自然条件和民风习俗形成了徽菜地方菜肴的特点。徽菜以烧炖见长,喜欢用火腿佐味,用冰糖提鲜,原锅上桌,原汁原味,香气四溢。

徽菜烹调的特点为"三重",即重油、重色、重火功。

徽菜的基本特点:其一,就地取材,选料讲究,四季有别,如笋非问政山的不用,鸡非当年的仔鸡不取,鳖必以马蹄大者为贵,鱼以色白鲜活者为宜。其二,火功独到,独到之处在于烧、炖、蒸,有的先炸后蒸,有的先炖后炸,还有的熏中淋水,火烧涂料,中途焖火等,使菜肴味道更鲜美。使用不同的控火技术,是徽菜形成酥、香、鲜独特风格的根本保障。其三,烹调技法独特,徽菜以烧、炖、熏、蒸而闻名,制作的菜肴各具特色,使菜品达到软糯可口、熟透酥嫩的口感。

徽菜的名菜主要有:符离集烧鸡、火腿炖鞭笋、雪冬烧山鸡、葫芦鸭子、腌鲜桂鱼、火腿炖甲鱼、徽州毛豆腐、红烧臭鳜鱼、黄山炖鸽,等等。

第二节　席位礼仪

案例导入

湘芸在一家著名跨国公司的北京总部做总经理秘书。晚上公司要正式宴请国内最大的客户张总裁等一行人,答谢他们一年来给予的支持。湘芸提前订好酒店,确定好菜单,并根据宾主双方参加宴会的8个人的姓名制作了名签。因为是熟人,又仅有几位客人,所以没有送请柬。可是她不放心,就拿起了电话,找到了对方公关部张经理,详细说明了晚宴的地点和时间,还认真地询问了他们老总的饮食习惯。张经理告诉她,张总裁是山西人,不太喜欢海鲜,非常爱吃面食。湘芸听后,又给酒店打电话,重新调整了晚宴的菜单。

湘芸决定提前半小时到酒店,看看晚宴安排的情况并在现场做点准备工作。到了酒店,湘芸找到领班经理,再次讲了重点事项,又和他共同检查了宴会的准备工作。宴会厅分内外两间：外间是会客室，是主人接待客人小坐的地方，已经准备好了鲜花和茶点；里边是宴会的房间，中餐式宴会的圆桌上已经摆放好各种餐具。

湘芸知道，朝向门口的座位是主人位，但为了慎重，还是征求了领班经理的意见。她从带来的名签中先挑出自己老板的名签放在主人位子上，再将对方老总的名签放在主人位子的右边。想到客户公司的"二把手"也很重要，就将其名签放在主人位子的左边。湘芸又将自己顶头上司市场总监的名签放在餐桌的下首正位上，再将客户公司两位业务主管的名签分放在总监的左右两侧。为便于沟通，湘芸就将自己的名签放在了与公关部李经理同一方向的位置。

晚宴的一切准备工作就绪了。湘芸看了看时间还差一刻钟，就到酒店的大堂等候。提前10分钟就看到总经理一行到了酒店门口，湘芸就在送他们到宴会厅时简单汇报了情况。湘芸随即返身回到了酒店大堂，等待张总裁一行人的到来。几乎分秒不差，她迎接的客人准时到达。

晚宴按湘芸精心安排的情况顺利进行着，宾主双方笑逐颜开。客户不断夸奖菜的味道好，正合他们的口味。这时，领班经理带领服务员像表演节目一样端上了山西刀削面。客人看到后立即哈哈大笑起来，高兴地说道，你们的工作做得真细致。湘芸的总经理也很高兴地说，这是湘芸的功劳。

一、桌次礼仪

在中餐宴请中，常常采用圆桌布置。圆桌的摆放不同，位次的尊卑也不同。

由两桌组成的小型宴会，餐桌的排列分为横排和竖排两种形式。

餐桌横排时，由面对正门的位置来定，讲究以右为尊、以左为卑，即在右边餐桌就餐的人要比在左边餐桌就餐的人尊贵。

餐桌竖排时，讲究以远为上、以近为下。这里的远近，是就距离正门的远近而言的，即在距离正门远的餐桌上就餐的人比在距离正门近的餐桌上就餐的人更尊贵。

由三桌或三桌以上组成的宴会，也叫多桌宴会，其排列方法除了要遵

第二章 中餐礼仪

主人

正门

餐桌横着摆放时的桌次礼仪

主人

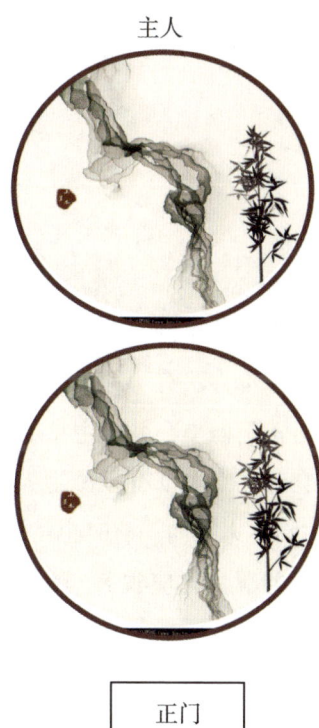

正门

餐桌竖着摆放时的桌次礼仪

循"面门定位,以右为尊,以远为上"的原则外,还要兼顾其他各桌与主桌距离的远近。一般来说,距离主桌越近,桌次越高;距离主桌越远,桌次越低,这种规则也称为"主桌定位"。

在桌子的选择上,所用桌子的大小、形状要基本一致。除了主桌可以略微大一些以外,其他餐桌都应大小一致。

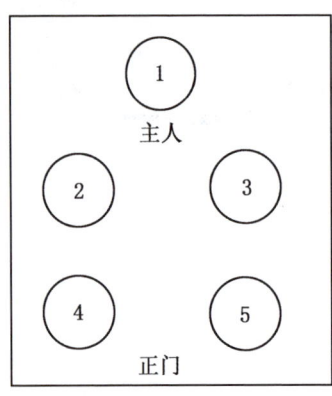

多桌宴会的餐桌摆放

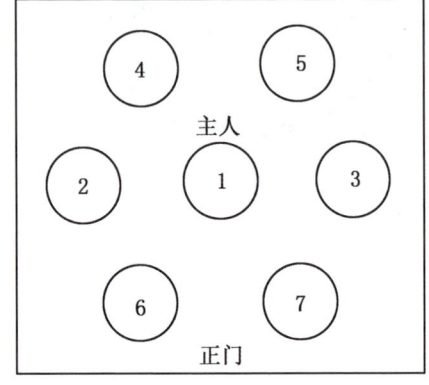

多桌宴会的餐桌摆放

二、位次礼仪

宴请时,除了桌子的位置有尊卑高低之分外,每张餐桌上的具体位次也有主次尊卑。排列位次的基本方法有4种,但它们往往交互使用。

方法一:主人大都面对正门而坐,并在主桌就座。

方法二:举行多桌宴会时,每桌都有一位主人的代表在座(也称各桌主人),其位置一般应与主桌主人同向,有时也可以面向主桌主人。

方法三:各餐桌上位次的尊卑,应视其与该桌主人距离的远近而定,讲究以近为上、以远为下。

方法四:各餐桌上的位次与该桌主人距离相同时,讲究以右为尊,即以该桌主人朝向为准,主人右边的为尊,左边的次之。

根据上述4种位次排列方法,圆桌上位次的排列可以分为两种具体情况,它们都与主位有关:

第一种情况,每桌上一个主位的排列方法。其特点是:每桌只有一名主人，主宾在主人的右侧就座；每桌上只有一个谈话中心。

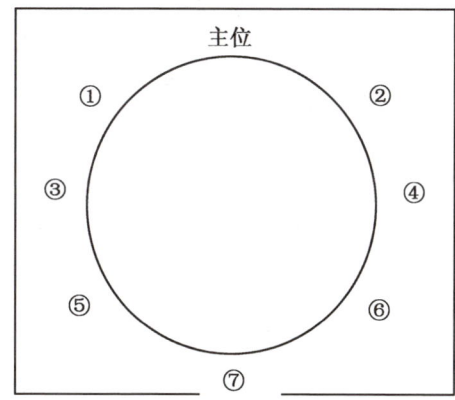
每桌仅有一名主人时的位次排列

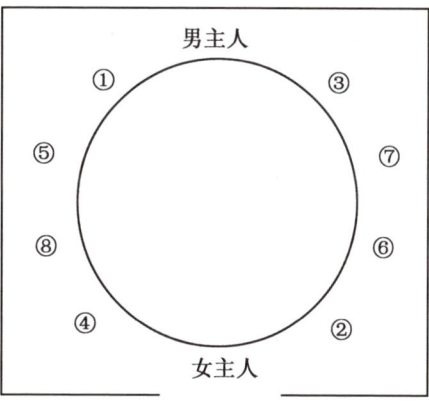
每桌有两名主人时的位次排列

第二种情况，每桌有两个主位的排列方法。其特点是：主人夫妇在同一桌上就座，以男主人为第一主人、女主人为第二主人，主宾和主宾夫人分别在男女主人的右侧就座；每桌上客观上形成了两个谈话中心。

如果主宾身份高于主人，为表示尊重，也可以安排主宾在主人位子上就座，而主人坐到主宾的位子上。

为了便于来宾准确无误地找到自己的位置就座，除引导人员和主人要及时加以引导、提示外，应事先在每位来宾所属位次正前方的桌面上放置醒目的名签。举行涉外宴会时，名签应以中英文两种文字书写。按中国人的惯例，中文在上，英文在下。必要时，名签的两面都要书写用餐者的姓名，使对面的人也能看到，以便相互认识。

第三节　点菜礼仪

案例导入

出生在重庆的小王，今年毕业后如愿以偿地考进了北京的一家大型国企，从事人力资源工作。他在工作之初就结识了一位非常要好的同事小鲁。小鲁家住河南，是一个地地道道的北方汉子。这一天，部门领导为了犒赏员工，准备让小王组织一个晚宴，并邀请公司其他成员参加。小王早早地就预订好了餐厅和包厢，同时也点好了菜。傍晚，同事们如约而至，大家纷纷入席就座。不一会儿小王发现，坐在他身旁的小鲁已经脱掉了外套，面红耳赤地大口喘气，还不时地用毛巾擦拭额头上的汗珠。小王见状，望着菜肴思索了一会儿，不禁恍然大悟。原来小鲁是不能吃辣的北方人，而今天选的餐厅是自己家乡的特色餐厅——重庆火锅城，其大部分菜肴都是辣味十足，这才会出现眼前的一幕。小王发现，由于自己的过失没能顾及所有同事的口味，导致整个晚宴的局面略显尴尬。为了弥补自己的过错，他赶紧让服务员又新添了几个清淡口味的菜肴，局面才慢慢好转。

一、点菜的要求

点菜时，需要同时明确自己的身份和客人的身份。若有外国朋友，更需要了解其所在地的饮食文化。如果是宴请，而且具有特殊目的，更应该充分考虑各种因素，进行菜品最佳和最优的选择，避免弄巧成拙、出现尴尬。

（一）点菜人要求

一般来说，主人应该主动承担点菜的任务，必要时可在客人到达前完成点菜，这样不仅让客人到来时能够及时吃到饭菜，而且如果当着客人点菜，有可能会出现这种情形：服务员不停地推荐一些价位较高、而你又不想点、并且已超出你的预算的菜，这时你会很尴尬，提前点好菜就可以避免这种尴尬。如果没有来得及提前点菜，当着客人面点菜时则需要考虑让整个席间最有发言权、位高权重的人首先点主菜，并充分考虑所有人的需求，尽可能让所有人吃得舒心。当然，也可以离席请服务员到外面点菜。

如果你是赴宴者，则应该提前将自己的特殊需求或忌讳告知主人，以避免双方产生不愉快的用餐体验。

（二）菜品要求

1. 必点主菜

家庭聚餐必须至少有一个主菜，这个主菜往往是具象征意义的。例如，过年时选择在外面餐馆中吃年夜饭的话，我们要点鱼，而且要选择比较高档的鱼，寓意年年有余；如果点"全家福火锅"，寓意更明显；如果点"田园大丰收"，则预示来年财源广进。如果是正式宴请，更需有主菜，而且主菜的档次会要求更高。

2. 讲究搭配

（1）荤素搭配。在外面吃饭，首先要做到荤素的搭配，若是点一桌子肉菜，不点素菜，不利于消化，从长远的角度来讲也不利于健康；若只点素菜，喜欢吃肉的朋友又得不到满足，而且让人觉得你太小气，舍不得花钱。荤素搭配不仅能够更好地平衡身体中的各种元素，让身体的营养得到更多方面的补充，而且能满足各种需求的就餐者，这是最基本的点菜常识。当然，如果就餐者男士居多，年长者居多，可荤菜多于素菜；如果就餐者女士居多，年轻人居多，则可素菜多于荤菜。

注重搭配

（2）冷热搭配。点菜也需要考虑热菜和凉菜的搭配。如果席上有老年人，则不能将凉菜往老年人旁边放，应该照顾到老年人，在其身旁放置一些易消化的肉类或是含有较高蛋白质类的素菜。这样，也能照顾到老年人的营养摄入。

（3）老少皆宜。点菜还要从用餐者的性别、年龄、籍贯，甚至用餐的时间来考虑。男士重口味，喜欢喝点儿酒，所以要有下酒菜；女士喜清谈，讲养生，所以要多点儿青菜和汤品。老人吃的菜要炖烂点儿，年轻人希望有嚼劲。中午聚餐菜可以丰盛些，甚至多些肉类，晚餐请客就可以多些素菜，因为现在大家更注重养生，有人甚至晚上不吃晚餐呢。

还要特别注意是否有特殊口味的人（如职业需求、民族、宗教信仰等），需要仔细记好，是否需要单独点一份菜，以尽可能让每个人都吃得开心、吃得过瘾。

3. 特色明显

点餐时，尽量选择餐馆中具有特色的菜肴，既可以在一定程度上体现当地的文化与风情，也能够体现主人的好客、博学和用心。

4. 数量适宜

当一群人在一起吃饭时，请客者应该充分考虑到席间人的年龄、性别及对应食量，在点菜时做出合理安排。原则上是按人数点菜，菜品数量等于或多于用餐人数，一般是人数加1，即3位用餐点4道菜，4位或5位用餐点6道菜，6位或7位用餐则点8道菜，以此类推，但一般不点单数。同时也可事先了解一下餐馆中菜的分量而进行酌情增减。总之，既要让每位用餐者吃饱吃好，又要厉行节约，尽量光盘。如果剩余太多，一定要打包带走，这是美德。

5. 寓意美好

在具有特殊意义的宴席上，可点一些具有寓意的菜品，如老人生日宴的长寿面、寿桃寓意长寿安康，婚礼时的四喜面点寓意百年好合、阖家欢乐等，为整桌菜品增添更为丰富的思想意义、文化内涵和美好祝愿。

二、点菜的技巧

点菜如穿衣一样，也要遵循"TPO原则"，即：Time（时间）、Place（地点）、Object（目的）。在宴请他人时，要充分考虑用餐时间、用餐地点及用餐目的，将整个宴请安排得合情合理、井井有条。

（一）三个规则

一看人员组成。一般来说，人均一菜是比较通用的规则。如果男士较多，则可适当加量。

二看菜肴组合。一般来说，一桌菜最好是有荤有素、有冷有热，尽量做到全面。如果桌上男士多，可多点些荤食；如果女士较多，则可多点几道清淡的蔬菜。

三看宴请规格。若是普通的宴请，平均一道菜50～80元可以接受。如果这次宴请的对象是比较关键的人物，那么则要点上几个够分量的菜，如龙虾、鲍鱼、鲥鱼、鱼翅、燕窝等。

还有一点需要注意，点菜时不应该问服务员菜肴的价格，或是讨价还价，那样会让你在客人面前显得有点小家子气，而且客人也会觉得不自在。

（二）"五优"

一次标准的中式宴请，通常先上冷盘，接下来是热菜。一两道热菜之后是主菜，然后上点心和汤（如果吃得有点腻，可以点一些餐后甜品），最后是上果盘。点菜时不仅要顾及各个程序的菜式，而且要注重"五优"：

1. 优先中餐特色菜肴

宴请外宾的时候，这一条更要重视。像北京烤鸭、佛跳墙、狮子头、宫保鸡丁、煮元宵、蒸饺子、炸春卷等，虽不是价格昂贵的菜品，但因为具有鲜明的中国特色，所以受到很多外国人的推崇。

2. 优先本地特色菜肴

比如西安的羊肉泡馍，湖南的毛家红烧肉，上海的红烧狮子头，北京的涮羊肉，等等。在哪里宴请外地客人，就尽量点当地的特色菜。例如在长沙，请客人去火宫殿一边吃着臭豆腐，品尝着特色点心，一边听听湖南花鼓戏，客人会颇有新鲜感。

3. 优先本餐馆特色菜

很多餐馆都有自己的特色菜，本餐馆的特色菜一般都是这家餐馆的招牌菜，口碑都会比较好。上一份本餐馆的特色菜，能说明主人的细心和对被宴请者的尊重。

4. 优先当季时令菜品

虽然现在交通发达，加之蔬菜大棚的普及，让很多菜品四季都有，但时令菜的新鲜和营养还是大棚菜无法替代的。早春时节的香椿、春笋，夏天的苦瓜、苋菜、莲子，秋天的百合、菱角、莲藕，冬天的羊肉、莴苣，等等。点些时令菜，不仅可以显示出点菜人的水平，也能让客人尝尝"鲜"，吃出美味，更吃出健康。

5. 优先主人拿手的菜

举办家宴时，主人一定要当众露一手，多做几道自己的拿手菜。其实，所谓拿手菜也不一定十分美味可口，但因为是主人亲自下厨做的，单凭这一点就足以让被宴请者感觉到主人的尊重和友好。

（三）"四忌"

点菜还有一些禁忌，归纳起来有以下"四忌"：

1. 注意宗教的饮食禁忌

这一点绝不能疏忽大意。例如，穆斯林不吃猪肉，不喝酒。国内的佛教信奉者少吃荤腥食品，不仅指所有的肉食，而且包括葱、蒜、韭菜、芥末等气味刺鼻的食物。请客点菜时，要充分了解客人的宗教信仰。

2. 因为健康原因的禁忌

某些人出于健康原因，对某些食品也有所禁忌。例如，心脑血管、动脉硬化、高血压和中风后遗症病人，不适合吃狗肉；肝炎病人忌吃羊肉和甲鱼；胃肠炎、胃溃疡等消化系统疾病患者，也不适合吃甲鱼；高血压、高胆固醇患者，要少喝鸡汤；糖尿病患者忌吃甜品和所有高糖分、高淀粉的食品。所以，点菜时也要充分考虑这些因素，以免你热情地点了一桌子菜，却没有几样是客人可以吃的，弄得很尴尬。

3. 因为地域不同的禁忌

不同地区的饮食偏好往往也不同。对于这一点，在安排菜单时也要兼顾。湖南人爱吃辣，山西人爱吃酸，四川人爱吃麻，江浙人爱吃甜，北方人爱吃面食。英美等国家的人害怕吃动物，尤其是动物的内脏、脚爪和头部。宴请外宾时，最好少点或者不点生硬需啃食的菜肴，因为外国人用餐时不太会将吃到嘴中的食物再吐出来。所以，点菜时要充分考虑到宾客的禁忌和喜好，尽量让在座的每个人都能找到自己喜欢的菜肴。

4. 因为职业原因的禁忌

有些职业出于某种原因，在餐饮方面往往也有各自的特殊禁忌。国家公务员执行公务时不准吃请，在公务宴请时不准大吃大喝，不准超过国家规定的用餐标准，不准喝烈性酒。驾驶员工作期间不得喝酒。有些艺术工作者（如播音员、主持人、歌唱演员等）用嗓子的时间较多，忌吃辛辣、油腻食物，忌喝冷饮、烈性酒等。若忽略了这些，也可能无法让被宴请者愉快地用餐。

三、封闭式点菜

常常看到有人请客吃饭时，喜欢把菜谱递给客人，请客人点菜，这看起来是尊敬客人，实际上是不妥的做法。试想一下，客人怎么好点：自己喜欢吃的菜也许太贵，不好意思点，也怕超出你的预算；全点素菜似乎也不妥，还真是左右为难。为了表示对客人的尊重，你可以让客人点主菜，而且给一个限制，可以这么说："张总，这个酒店的佛跳墙和红烧狮子头都做得不错，您更喜欢哪一个？"这样，客人便只可在这两者中选择了，这就是封闭式点菜。包括餐桌上请客人点酒水，都可以这样封闭式选择。

第四节　餐具礼仪

💬 案例导入

由于市场竞争激烈，对于某机电公司即将举行的车展策划，蓝天和创意两家策划公司都志在必得。这一天，蓝天公司的李总约了机电公司的王总在银都酒店三楼中餐厅吃饭。

李总和秘书小刘刚到达银都酒店三楼中餐厅的1号房间，王总也到了。双方问好就座后，小刘便叫服务员开始点菜。15分钟后，小刘点好了菜对王总说："王总，我也不知道这些菜合不合你的口味。你看，还要再点些其他的吗？"王总说不必了。

在吃饭过程中，小刘为了表示热情，就用自己的筷子不停地给王总夹菜，而且用自己的筷子到汤中捞食物。当两位老总谈话逐渐深入时，小刘随意地把筷子横放在碗上为两位老总添加饮料。由于加饮料时未及时提示，小刘差点儿把饮料泼在了王总身上。宴请快结束时，小刘又拿起桌上的牙签当众剔牙，并将最后一口漱口水直接吐在了自己面前的饭碗里。这时，王总的眉头紧锁了。

不久，李总收到了王总发来的邮件，内容是："本来我还在犹豫该选择哪家公司为我公司策划车展的事。现在我已经决定了，我是不会和一家礼仪如此差的公司合作的。"李总看完后，有些莫名其妙。

中餐使用的餐具通常有筷子、勺子、碗、碟和辅助餐具如杯子、盘子、湿巾、水盂等，这些餐具在使用时都有一定的礼仪规范。在正式的宴会上，水杯放在菜盘的左上方，酒杯放在右上方。筷子与汤匙可放在专用的架子上，或放在纸套中。公用的筷子和汤匙，最好放在专用的架子上。

一、用筷礼仪

筷子是吃中餐时最主要的进餐用具，中国人使用筷子的历史源远流长。古代称筷子为"箸"，筷子标准长度7.6寸，寓意人有"七情六欲"。用餐时，筷子的使用很有讲究。通常，正确使用筷子的方法是：右手执筷子，大拇指和食指捏住筷子顶端至中部的三分之一处，其余手指自然弯曲扶住筷子，且两根筷子的两端要对齐。

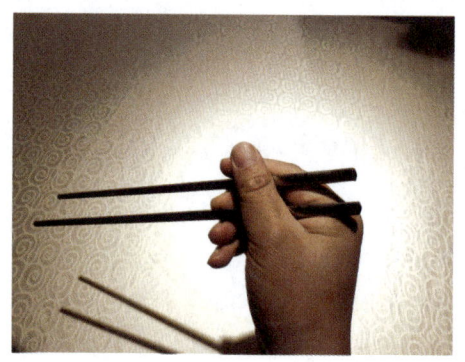

握筷子的姿势

筷子通常成双使用，而不能只用一根。不要让筷子一根横放、一根竖放，或者交叉摆放。同一桌上的筷子要长短、粗细一致。筷子一定要放在筷子架上，不能放在杯子、盘子或碗上，以免碰掉。用餐中需要使用其他餐具，或者有事暂时离席时，应把筷子轻放在筷子架上，而不要插在碗里。不可用筷子插取食物放进嘴里，或用舌头舔食筷子上的附着物，更不要用筷子去推动碗、盘子和杯子。筷子掉落后，应立即拾起来并向众人道歉，然后更换一双干净的筷子（不可用掉落到地上的筷子再次夹取食物）。

放在筷子架上的筷子

使用筷子还有很多禁忌，下面再简单列举"十忌"：
一忌舔筷：将筷子放入嘴中舔舐，或用作牙签；
二忌迷筷：夹菜前犹豫不决、举筷不定，不知道夹什么菜好；

三忌脏筷：用筷子在盘子里翻拣着夹菜（此谓"迷箸刨坟"，对人不敬）；

四忌指筷：拿筷子指人；

五忌泪筷：夹菜时不用碗（或碟）接着，导致菜上的汤汁淋了一桌；

六忌插筷：将筷子插在饭碗上（此谓"当面上香"，只有祭祀亡者时才这样摆放）；

七忌粘筷：当筷子上还粘着食物残渣时，又拿着去夹别的菜；

八忌连筷：同一道菜，连着夹 3 次以上；

九忌敲筷：用筷子敲击餐具或桌面（此谓"击盏敲盅"，只有马路上的乞讨者才这样做）；

十忌分筷：将筷子分放在餐具左右（此谓"分道扬镳"，只有在吃绝交饭时才这样摆放）。

二、用勺礼仪

中餐的勺子以短柄瓷质为主，主要用于喝汤和羹。有时也可以用勺子辅助筷子取菜，但尽量不要用勺子单独取菜。

碗和勺

用勺子取食物时不要过满，以免溢出来后弄脏餐桌或自己的衣服。在舀取食物后，可以在原处停留片刻，待汤汁不再往下流时再移回来享用。

用勺子取食物后，应立即食用或放在自己的碟子里，不要再把它倒回原处。如果取用的食物太烫，不可用勺子舀来舀去，也不要用嘴对着吹，可以先放到自己的碗里待凉了再吃。

当菜碗中摆放了公勺时,要用公勺取菜,但用毕不要忘了放回去。

三、用碗礼仪

碗主要用于盛放主食,或者盛汤装羹。用碗时,要用筷子或勺子取碗内的食物吃,而不要端起碗往嘴里倒食物,更不能去吸碗。如果暂时不用碗,不可以用其盛放杂物。不要把碗倒扣过来放在桌上。

要注意端碗的姿势,不可用手掌托着碗,也不要把碗抱在胸前。

四、用碟礼仪

在餐桌上使用的碟子通常比较小,又称作骨碟。它起到中转的作用,可以暂放从菜碗中取来的菜肴,也可盛装鱼刺、骨头、食物残渣等弃物。

骨碟

不要一次性夹太多菜放到碟子里,这样会显得像是没吃过菜一样。也不要堆放很多品种不同的菜,以免看起来很杂乱。不要将食物残渣、骨头、鱼刺等直接吐在餐桌上或碟子里,而应用筷子夹着轻轻放在碟子前端。如果碟子堆满了弃物,则应请服务员及时更换。

五、辅助餐具礼仪

（一）湿毛巾

比较讲究的正式宴会，通常在餐桌上放有两条湿毛巾：一条用来餐前擦手，另一条用来餐后擦嘴。也有的是由服务员餐前递送，看到客人用脏后不断更换。餐前的湿毛巾是用来擦手的（仅用于擦手），不能用于擦脸、擦汗；用餐结束前的湿毛巾是用来擦嘴的，也不能用来抹脸、抹汗，更不能往湿毛巾上吐脏物。

（二）水盂

有时在吃中餐时需要直接用手抓食物，比如吃海鲜或带壳的食物。在这种场合，餐桌上往往会摆放一只水盂。为了消毒和美观，会在水盂中放几片柠檬。水盂中的水只能用于洗手。洗手时注意动作要轻柔，不要让水溅出来。洗过手后用毛巾擦干，不要甩干。

（三）牙签

牙签主要用于剔牙，有时也用牙签插取食物、水果。不要当众剔牙；如果非要剔的话，也要用手或餐巾遮住嘴巴。剔出来的残渣千万不要拿起来看或者再次放入口中，也不能随手乱弹或者随口吐出。不要叼着牙签，否则会让人感觉你玩世不恭。

第五节 餐桌礼仪

案例导入

"大家都别走。等一会儿我们一起吃个饭，增进一下了解。"几天前，小林和其他4名求职者参加某公司招聘面试，正当他们面试完毕准备离开时，人事部经理发出了聚餐邀请。

饭局开始，菜品不错，公司领导也很热情。5位应聘者望着偌大的包间，有些不知所措。小林挑了一个靠门的位置坐下："这里是上菜位，今天我给大家服务啊。"上菜了，5位同学似乎胃口都很小，大都闷头吃菜，也不愿意喝酒，唯恐自己吃多了喝多了，留下不好的印象，工作没有了希望。

小林却有些"外向"。他先跟在座的每一位打了个招呼，接着向大家做自我介绍。看见大家吃得很沉闷，他还提议给大家讲了个笑话。

在小林看来，这个饭局并不那么简单。他听说有些单位招聘公关人员，会让他们参加饭局，趁机考察他们的交际能力。他想，今天这场饭局大概也是一场"考验"。饭后，招聘单位负责人告诉大家，刚才设的饭局也是招聘面试的一部分。惊讶写在了每个人的脸上。人事部经理表示，小林被录取了。据一位姓金的负责人透露："第一轮面试后，5位同学的水平不相上下，难以取舍。刚好临近吃饭时间了，于是就有了通过饭局进一步考察的想法，找到我们需要的人。小林在饭桌上的表现虽显稚嫩，但他正努力地调节气氛，希望打破沉闷的氛围。我们需要的正是这种意识。"

应聘者小蒋说："没想到，吃个饭还有这么多的礼数。"现代社会需要复合型人才，包括与人沟通交际的能力。企业在招聘面试中加入交际能力的考察，或许能更加全面地了解自己未来的员工到底能适应怎样的工作。

中国是一个拥有悠久文明历史的国度，这里还有令人垂涎的山珍。几乎每个地区都有与众不同的饮食习惯和味觉倾向，而各自将这些精妙的技艺发展成了一种习俗、一种文化，这使得无数食客流连于中国的大街小巷。中国自古又是礼仪之邦，这使得我们在讲究吃的同时又非常注重"吃相"，也就是餐桌礼仪。

一、餐前净手

中餐宴席进餐前，服务员送上的第一条湿毛巾是擦手的，不要用它擦脸。上龙虾、螃蟹、水果等需要用手剥壳去皮的食物时，服务员会端上一只小水盂，其中飘着柠檬片或玫瑰花瓣。水盂中的水不是饮料，而是洗手用的。洗手时，可两手轮流沾湿指头，轻轻涮洗，然后用毛巾擦干，千万不要甩干。

二、劝菜礼仪

用餐时要注意文明礼貌，对客人不要反复劝菜。特别是有外宾列席时，可向客人介绍中国菜的特点，劝人多用一些，或是品尝一下菜肴，但吃不吃由客人自己做主，所谓"让菜不布菜"。有的人热情过度，喜欢反复向他人劝菜，甚至为对方夹菜，这样会使客人左右为难。"己所不欲，勿施于人"。其实，用餐时即使"己所欲"，也最好"勿施于人"；因为你喜欢的、认为好吃的菜，别人并不一定喜欢，所谓"萝卜白菜，各有所爱"。笔者就曾碰到过这样的情形：有人请我吃饭，席间好心地为我夹菜，夹了一大碗。我尝了一口后觉得并不好吃，甚至难以下咽，但又不好说。再去夹菜吧，碗里又是满的，也不好意思再夹。这顿饭往往就吃不好了，只能回家再吃泡面弥补。

三、取菜礼仪

上菜后，应请客人中的长者先动筷子。取菜的时候，不要左顾右盼、翻来覆去，在公用的菜盘内挑挑拣拣，夹起来又放回去，就显得缺乏教养。多人同桌用餐时，取菜要注意相互礼让，依次而行，取用适量。不要好吃多吃、争来抢去，而不考虑别人。如果要给客人或长辈布菜，最好使用公筷，也可以把离客人或长辈较远的菜肴送到他们跟前。按我们中华民族的习惯，菜是一个一个往上端的，如果同桌就餐时有领导、老人、客人的话，每当上来一个新菜时应该请他们先动筷子，或者轮流请他们先动筷子，以表示对他们的尊敬。

方桌上通常没有转盘，取菜时比较麻烦，最好是只吃自己够得着的几种菜肴。实在够不到的菜，可以请人帮助，但不要起身甚至离座去取。

比较大的圆桌上通常会有一个转盘放置菜肴，方便大家取菜。转盘应顺时针方向转动。别忘了，上菜后第一轮取菜时，自己夹完后，要将菜肴按顺时针方向转到自己旁边用餐者的正前方，这是最基本的礼貌。也有人会先让左右邻人夹菜，然后才夹给自己，这是一个温馨而又有教养的举止。

要转动转盘时，一定要看有没有人正在夹菜。要等对方夹完菜，才可以转动转盘。如果你在转动转盘时，中途有人突然伸手夹菜，你出于礼貌应该将转盘停下，让他人先取菜。看到有人在转动转盘时，即便自己想要的菜会从眼前经过，也千万别用手阻止转盘转动而强行夹菜，要待对方夹完菜后再将转盘转回来取食。

邻人伸手夹菜时，勿将自己的手越过对方的手呈交叉状。离自己远的菜，要等转盘转过来时再取，不要起身伸长手臂去夹菜。要从菜盘的边缘开始夹起，而不要从中间下筷。特别是当菜肴有精美的造型时，更要注意尽量别过早地随意拨动，而破坏了菜肴的美感。

夹完菜后，要尽量将食物聚拢在菜盘的中央，再将公筷并拢，放在方便下一位容易取食的位置。这样的小细节也会彰显你的高素质。

四、进餐礼仪

进餐时，行为举止也有诸多讲究。

喝汤时不要发出响声，应使用汤匙一小口一小口地喝，不可直接端着碗一饮而尽（此举虽豪迈，但实为不雅）。不可对着热汤吹气，应该用汤勺舀出部分汤盛入碗中，待汤羹稍许降温后，再用汤匙舀取一匙轻轻对着汤匙吹，慢慢送到嘴边喝下。注意：应该用左手扶碗，右手持汤匙舀汤喝。

有些人吃饭时喜欢使劲咀嚼脆的食物，发出很清晰的声音来。这种做法不合礼仪要求，特别是和别人一起进餐时，要尽量避免出现这种现象。进餐时不要打嗝，也不要发出其他声音。如果出现打喷嚏、肠鸣等不由自主的响声，要说一声"真不好意思""对不起""抱歉"之类的话，以示歉意。

吃到鱼头、鱼刺、骨头等物时，不要往外面吐，也不要往地上扔，而要慢慢用手拿出或用筷子取出放到自己的骨碟里，或放在事先准备好的纸上。要适时地抽空与邻座的人聊几句风趣的话，以调节气氛。不要只顾埋头吃饭而不管别人，也不要狼吞虎咽地大吃一顿，更不可嗜酒贪杯。

送食物入口时，两肘应向内靠，不宜向两旁张开而碰到邻座。要注意用食物就口，而不是口就食物。如果不小心发生意外（如不慎将酒、水、饮料、汤汁等溅到他人身上），表示歉意即可，不必恐慌赔罪，否则会使对方难为情。

在需要饮酒的场合，意思到了即可，不要向别人劝酒。他人在咀嚼食物时，应避免与其交谈或敬酒。

不要在餐桌上剔牙。如果需要剔牙，可说声"不好意思，去趟洗手间"，然后在洗手间将牙缝中的异物取出。如果一定要在餐桌上用牙签剔牙，也要用餐巾或手挡住嘴巴后再做。

此外，要特别明确此次进餐的主要任务，是以谈生意为主，还是以联络感情为主，抑或是以吃饭为主。如果是前者，则在安排座位时就要注意，要把主要谈判人的座位相互靠近，以便于他们交谈或沟通感情。如果是后者，则只需要注意常识性的礼节即可，而把重点放在品尝菜肴上。

用餐的时候不要当众修饰仪表（如整理头发、化妆补妆、宽衣解带、脱袜脱鞋等），如确实有需要，可以去化妆间或洗手间整理；也不要随意离开座位，四处走动。如果有事要先离开，一定要和同桌的人打个招呼，说声"失陪了""我有事先行一步""大家慢慢用"。如果大家用餐正欢，也可以只和邻座的人说明一下，尽量别打扰了用餐的愉悦气氛。

五、餐后礼仪

一般用餐完毕后，先是轻轻放下碗筷，用餐巾、餐巾纸或服务员送来的小毛巾擦擦嘴。要注意动作的优雅，但不要用毛巾擦头颈或胸脯。

在主人还没示意结束时，客人不能先行离席，更不可推开饭碗就离桌而去。待主人示意结束后，应有礼貌地离座，甚至帮助主人做些扫尾工作。如果一边离席，一边温馨地提醒大家"记得带好随身物品""开车的朋友请记得拿张停车票"，那么一定会让人感觉到你是一位细心体贴的朋友。

六、其他细节

用餐时，如果不知道自己该坐哪个座位，最好等主人指引后入席，以免坐了不该坐的位置；

不要用自己的筷子去捞汤中的食物；

不要高谈阔论，唾沫四溅；

不要当着餐桌上的未成年人、未婚女性或初次见面的朋友，不停地说一些"黄段子"。

延伸阅读

［1］李世化．商务宴请礼仪规范［M］．北京：企业管理出版社，2015．
［3］黄伟迪．如何成为一名出色的点菜员［M］．南京：江苏美术出版社，2012．
［4］游宇．商务宴请赢在点菜［M］．北京：中国轻工业出版社，2008．

【有趣的小故事】

国宴轶事

马保奉

《人民日报·海外版》（2013年12月14日第06版）

"堂菜"和"台菜"

在人民大会堂举行宴会，其菜品被称为"堂菜"；而国宾下榻的钓鱼台国宾馆，其菜品被称为"台菜"。"堂菜"和"台菜"均名扬世界。

国宴菜通常以淮扬菜为基准，汇集了各地方菜系，经整理、改良而成。其特点是清淡、软烂、嫩滑、酥脆、香醇，以咸为主要口味，较温和的刺激味副之。如：川菜减少了刺激性调料辣椒、花椒的使用，淮扬菜减少了糖的使用，基本上能够满足国内外大多数来宾的要求。

人民大会堂或钓鱼台国宾馆订菜谱时，会尽可能地了解国宾的生活习惯与忌讳，口味嗜好以及年龄、身体状况，兼顾季节、气候、食品原料、营养等诸因素。夏天多清淡，冬季则适当添加荤菜。尤其注重的是外宾的宗族信仰，穆斯林国宾菜单与非穆斯林国宾菜单差别很大，丝毫不能马虎。人民大会堂和钓鱼台国宾馆都有自己的拿手菜，如里根喜欢的"佛跳墙"、金日成喜欢的"香橙狗肉"、西哈努克爱吃的"砂锅狮子头"、邓小平赞赏的"酸辣乌鱼蛋汤"等。其他名菜如黄扒鱼翅、芙蓉燕菜、香橙鸭子、纸包鱼、鱼翅四宝、富贵鲍鱼、计司烤鱼等，都享有盛誉。

大寨饭

1965年5月21日，阿尔巴尼亚部长会议第一副主席科列加一行来访，提出了一些超出中国承受能力的援助要求。为了让对方全面了解中国，周恩来总理指示礼宾司安排客人到大寨参观访问，让客人看看中国人民是如何节衣缩食、艰苦奋斗的。周恩来一下飞机就交代，他陪阿尔巴尼亚同志是来接受艰苦奋斗、自力更生教育的，要给客人准备实惠的大寨饭，不要铺张浪费。大寨人准备的主食有玉米面窝窝头、小米稀饭、羊肉饺子、土豆丝、腌咸菜。面对粗茶淡饭，周恩来适时表达了看法，对方收回了过高的援助要求。

停用名菜

1965年3月，汪东兴传达毛主席的指示，说宴会规格高，且不看对象，如千篇一律上燕窝、鱼翅那些名贵菜，花钱多，又不实惠，有些外国人根本就不吃这些东西。毛主席认为，我们请外国人，"四菜一汤"就可以了。

反对铺张

1966年9月，外交部上呈报告，得到中央批准，其中包括：

"举办宴会要注意勤俭节约，坚决反对铺张浪费，反对讲排场、摆阔气和追求高标准。招待外宾不一定要举行宴会，可视情况举行酒会、茶会或冷餐招待会。并提出以下四点要求：

1. 对来访的代表团和重要外宾，一般只举行一次正式宴会，如有必要，可采用茶会或陪餐等简便形式招待；

2. 宴会标准要降低，不用鱼翅、燕窝、银耳等名贵菜，一般不超过四菜一汤，注意菜量够吃，严格控制我方参加人数；

3. 宴会的时间一般不超过一个半小时；

4. 为照顾外宾的生活习惯，要尽量做到外宾点菜用餐，适合外宾的口味和爱好。"

限酒令

1969年3月，外交部在北京国际俱乐部宴请阿尔巴尼亚新任驻华大使及使馆外交官员。宴会气氛热烈友好，主宾双方频频举杯。喝了不少酒的阿公参坚持自己驾车返馆，结果途中撞死一名骑自行车的中国工人。周恩来闻知该事件，严厉批评外交部领导，并指示今后宴会不用茅台酒，只上葡萄酒。此后，外事纪律就有了一条明确的规定：对外宴请饮酒不得超过本人酒量的1/3，不得酒后驾车。

停邀各国使节

1978年，驻华使馆增加到90家，国宾访华更加频繁。参照当时国际上的普遍做法，从1978年9月起，我国决定不再邀请各国使节参加国宾迎送和国宴，但根据来访国宾的愿望和要求，安排与外国驻华使节会面。为来访国举行的国宴，只邀请来访国驻华使节和使馆部分外交人员出席。

停奏国歌

自1980年8月将国宾欢迎仪式改到人民大会堂东门外广场之后，由于欢迎仪式、会谈、宴会连在一起，为避免重复，国宴上不再演奏两国国歌；宾主双方在席间不发表正式讲话，或致辞、祝酒；中国人民解放军军乐团只演奏席间乐，曲目单包括来访国的著名乐曲。

视频链接

1. 国家精品在线开放课程（慕课）《现代礼仪》第七章。http://www.icourse163.org/course/HNU-20005。
2. 爱奇艺网纪录片《饮食文化》。http://www.iqiyi.com/a_19rrjsw0ft.html。
3. 中央电视台纪录片《舌尖上的中国》。

第三章 西餐礼仪

随着东西方文化的不断渗透与交融，吃西餐也成了我们日常生活中很平常的事。西餐文化源远流长，讲究规矩，注重礼仪，所以了解一些西餐礼仪知识十分必要。在本章中，我们将介绍西餐的文化内涵，了解西餐的特点，学习西餐餐具的使用方法，掌握西餐的礼仪，让自己在西餐餐厅与朋友相聚时游刃有余，优雅得体。

对于西餐，走在时尚前沿的人士，尤其是出国较多或海外回来的留学生对此应该不陌生。说到西餐，总是让人联想到礼服、烛光、钢琴、红酒、牛扒、沙拉，以及穿燕尾服的服务生。对于喜爱西餐的人，也许喜爱的并非像我们平常喜爱中餐一样喜爱食物的色香味，而仅仅是因为西餐的氛围及那种能深深触动心灵的感觉。西餐是一种文化的沉淀，从入座、点餐到餐具使用、用餐程序，都有西方人的一套礼仪。掌握西餐礼仪，是用西餐前必须具备的。

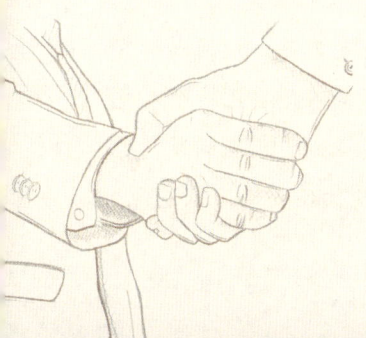

第一节　西餐概述

案例导入

某公司来了两位美国客人。公司老总对小张说:"我今天有事,不能接待他们。你代我招待一下,陪他们吃顿饭。"小张领了任务,心想:只有三个人,似乎太少了。于是又找了五个人,一共八个人一起来到了饭店。

小张非常客气,先让美国人点菜。其中一位美国人认识中文,点了一道鸡肉。而另一位美国人不认识中文,没办法点菜。小张就说:"那好吧,其他人各点一个菜吧。"中国人点菜习惯很简单,不重复。别人点过鸡,自己就不再点鸡了,于是一桌人点了鱼、鸭等菜。最后,菜单又回到了第二位美国人手上,可他还是不会点。小张见状,看了一下点的菜说,好像没有汤,要么你就点个榨菜肉丝汤吧。那位美国人同意了。

第一道菜上来了,正是第一位美国人点的鸡肉。这位美国人一看,是自己点的那道菜。于是,他对在座的人说了句"Sorry, sorry",然后就端起菜盘,放在自己面前,开始吃了起来。在座的中国人一看这情形,都傻眼了。怎么是这样?这怎么办呢?总不能说,你不能吃,要和大家一起吃,这样太不礼貌了。索性跟他一样吧,谁点的菜谁吃。就这样,菜一道道上来了,每个人都吃自己点的菜。最后一道榨菜肉丝汤端了上来。小张想:就让美国人喝一碗汤,多不好啊。他赶紧说:"哎呀,对不起,是我点错了。我帮你重新再点一道菜吧。"可那位美国人却不同意,坚持说"是我自己点的,我就要负责把它吃掉",于是把那碗汤都喝了。小张感觉特别不好意思。可是事已至此,没办法改了。

从这个点餐的小故事可以看出中美文化的巨大差异。中国人讲究群体意识。比方说点菜,一定是要照顾整桌人,绝不是自己一个人吃的问题。于是,别人点过的菜,自己就不再重复点。自己点的菜,也要考虑别人喜不喜欢吃。甚至主人为了表示热情,还要给客人夹菜。

而美国人却是个人意识，自己点的菜自己吃，不能帮别人点，而且绝对不会帮同桌的人夹菜，完全是自己负责。

一、西餐的特点

西餐，顾名思义，是相对于中国人及其他东方人而言的餐饮文化。"西餐"一词涵盖的范围很广，包括欧洲各国和地区，以及以这些国家和地区为主要移民地的北美洲、南美洲、非洲等的饮食习俗。西餐有法式、美式、俄式、英式、意大利菜系等多种独特的菜系，形成了流派纷呈、味道独特、风格迥异的特点。不管是哪种风格的西餐，与中餐相比，都至少具有以下显著特点：

（一）食材广泛，用料精细

西餐烹饪在选料时十分精细、考究，而且用材十分广泛。例如，美国菜常用水果制作菜肴或糕点，咸里带甜；意大利菜则会将各类面食制作成菜肴，各种面片、面条、面花都能制成美味的席上佳肴；而法国菜，选料更为广泛，诸如蜗牛、洋百合、椰树芯等均可入菜。当然，西餐中用量最大的食材非牛肉莫属了，一般还将牛肉分为五个等级。作为特级肉的牛里脊，常常被用在高级菜里，如美式菜肴中的铁扒里脊。而一级肉是指牛的脊背部分，肉质软嫩，其等级仅次于特级肉，用来做带骨肉扒最为适宜。

（二）调料多样，种类丰富

西餐烹饪的调味品大多不同于中餐的调味品，如酸奶油、桂叶、柠檬等都是其常用的调味品。西餐中主要有香料、调味粉、香草、料酒四类调料。香料不仅能带出食物本身的味道，还能相互组合产生独特的香味，如黑胡椒碎，适用于煲汤、烧烤，不仅能突出食材本身的香味，还能提鲜去腥。调味粉可以有效地调整和改善食品本身的品质和风味。香草不仅能从味觉上改善食物品质，还能起到装饰、点缀的视觉作用。料酒的使用往往能产生特殊的风味，如白兰地常被用于做汤汁酱料。法国菜就注重用酒调味，在烹调时普遍用酒，不同菜肴用不同的酒做调料；德国菜则多以啤酒调味。

（三）在乎火候，生熟分成

西餐中肉类和海鲜类一般烹饪得较为鲜嫩，有时甚至生食以保持其营养成分，而杂食类动物的肉则会烹至全熟才食用。例如牛排，除了生牛排和熟牛排以外，还分有一分熟至九分熟等生熟程度，所以到西餐厅点牛排时，侍应生总会问你要几成熟。初试者适合从七八成熟开始尝试。六成熟以下就会带血了，初试者会觉得难以下咽。

色泽鲜艳的西餐

（四）讲究营养，注重品相

西餐极重视各类营养成分的搭配组合，充分考虑人体对各种营养（如糖类、脂肪、蛋白质、维生素和热量等）的需求来搭配菜肴。在主料烹制好后装盘时，往往会在盘边或小碟中配上少量加工成熟、颜色鲜艳的蔬菜、米饭或面食，以提高食物的美观程度，同时也使菜肴富有风味，达到营养均衡。在色泽搭配上则讲究对比、明快，因而色泽鲜艳，能刺激食欲。

（五）工艺严谨，器皿讲究

西餐的烹调方法很多，常用的有煎、烩、烤、焖等十几种，而且十分注重工艺流程，讲究科学化、程序化，工序严谨。烹调的炊具与餐具均有不同于中餐的特点，特别是餐具，除瓷制品外，水晶、玻璃及各类金属制作的餐具占很大比重。

西餐的主要器皿——玻璃和瓷器

二、西餐的种类

（一）西餐之首——法式大餐

法国人一向以讲究吃喝而闻名。法国大餐味道精而样貌美，滋味有浓有淡，花色品种十分丰富，所以也被称作世界西餐之首。

法式大餐的特点：

（1）注重烹调火候，讲究菜肴的质量和鲜嫩。法国大餐中有很多半熟或生食的食材，如羊腿或半熟牛排、海鲜中的蚝都半熟或生食而保持了食物的鲜嫩，烧野鸭一般六成熟即可食用；但用于生食的食材一定非常环保，如生食的蚝一定产自无污染的深海海域。

（2）口味一般以肥、鲜、嫩、浓为特点，以酸、甜、咸等口感为喜好。烹调主要采取煎、炸、烧、烤等方式。

（3）法式菜肴重视调味，调味品种类多样。酒在食材调味中起着很重要的作用，不同的菜对用酒的要求也非常严格。例如，制作清汤时常用葡萄酒来调味，甜品用各种甜酒或白兰地，海鲜等鲜香的食品用白兰地，等等。

（4）法式大餐十分讲究食材的选用。法国人有一句名言："到什么地

鹅肝排

方吃什么菜,什么节令吃什么菜。"他们特别讲究就地取材,一般不吃反季菜,因此南北各地菜的口味是不一样的。

法式大餐的代表菜式有:马赛鱼羹、巴黎龙虾、沙福罗鸡、鹅肝排、红酒山鸡、红酒烩牛肉、鸡肝牛排、鞑靼牛肉等。

法式大餐的主要派系:古典法国菜系、家常法国菜系、新派法国菜系。

(二) 西餐始祖——意式大餐

说意式西餐是西餐的始祖,一点也不为过。在罗马帝国时代,意大利曾是欧洲的政治、经济、文化中心。虽然后来意大利落后了,但就西餐烹饪来讲,意大利却是始祖,可以与法国、英国媲美。

意式大餐的特点:

(1) 善于利用调料的独特风味,以味浓著称。意大利菜肴使用六种调料:黑橄榄、香料、橄榄油、西红柿、干白酪及 Marsala 酒(盛产于西西里岛,也称马尔萨拉酒)。这六种调料可以衬出食品的自然风味,同时也能形成地道与传统的独特风味。

(2) 喜爱面食,制作方式多样独到。各种颜色、不同形状、味道独特的面条有上百种之多,这一点有点儿像我国的山西,只是其面食的做法与山西不同。如实心面条、通心面条、贝壳形和字母形等。意大利人还喜欢吃意式馄饨、意式饺子。意式面食烹调以炸、炒、熏、烩等方式居多。

意式大餐的代表菜式:披萨饼、肉末通心粉、通心粉素菜汤、焗馄饨、奶酪焗通心粉、肉酱千层面等。

肉末粉

（三）营养便捷——美式菜系

营养便捷是美式西餐的显著特点。全球三大快餐品牌麦当劳、汉堡王、肯德基，都诞生于美国。

美国菜是在英国菜的基础上发展起来的，继承了英式菜简单、清淡的特点，口味咸中带甜。美国人一般对辣味不感兴趣，喜欢铁扒类的菜肴，常用水果作为配料与菜肴一起烹制，如菠萝焗火腿、苹果烤鸭。美国人喜欢吃各种新鲜蔬菜和各式水果。

汉堡

美国人性格比较洒脱自由，所以追求快餐式饮食方式，对饮食要求并不高，只要营养、快捷即可。他们讲求的是原汁鲜味，但对肉质的要求很高，如烧牛柳配龙虾便选取来自美国安格斯的牛肉，只有半生的牛肉才有美妙的牛肉原汁。

相对于传统西餐的烦琐礼仪，美国人的饮食文化显得非常简单。餐台上并没有多少刀叉盘碟，仅放着最基本的刀、叉、勺子各一把。只有在非常正式的宴会或家庭宴客时，才会有较多的规矩和程序。

美国菜肴的代表名菜主要有：美式牛扒、橘子烧野鸭、美式煮鱼、烤火鸡、苹果沙拉、糖酱煎饼等。各种派是美式食品的主打菜品。

（四）口味清淡——英国菜系

英国菜肴的特点：

（1）英国西餐最显著的特点可以用两个词概括，即简洁与礼仪。英国的饮食烹饪，有家庭美肴之称。英国菜的制作方式几乎只有两种：一种是放入煮锅蒸煮，另一种是用烤箱烤制。菜量也是要求少而精。

海鲜沙拉

（2）口味清淡，注重保留食物的原汁原味。英国菜的一个重要特色就是尽可能保留其原有的口感和风味，烹调时一般要求厨师用单一的食材制作，少放或不放配料，调味时少用油和酒。调味品大都放在餐台上由客人自己选用。

（3）食材选择比较局限，注重蔬菜或各式海鲜。配菜的选择上也十分简单，特色配料是甜菜根。英国人甚至有这么一种说法："没有吃到用甜菜根烹制的食物，都不能算是一顿完整的餐食。"

英式西餐的代表名菜主要有：鸡丁沙拉、烤大虾、土豆烩羊肉、烤羊马鞍、冬至布丁、明治排等。fish and chips（鱼与薯条）是大众最熟悉的英式餐品。

（五）多样随意——德国菜肴

德国人在饮食上比较随意，对饮食并不讲究，这一点好像与德国人的严谨有些不符。啤酒和自助餐是德式西餐的两个显著标志。德国人喜欢吃水果、奶酪、香肠、酸菜、土豆等，不求浮华只求实惠营养，因此德国也是自助餐的发源地。

德国菜肴的特点：

德国啤酒

（1）德国菜口味偏重，以酸、咸口味为主。食材选择上偏好猪等畜类的肉、肝脏、家禽肉、鱼肉或蔬菜。烹调上通常选用蒸煮、炖烩等方式。

（2）德国的肉类食物制作方式不计其数，仅火腿和香肠的做法就不下百种，所以德国的火腿闻名于世，有加上芥末的、用猪血制成的、咸的或熏制的。

（3）德国盛产啤酒，讲究用餐气氛，常常会放一些轻音乐，点上蜡烛，再配上啤酒来调节气氛，增加情调，增添食欲。

德国美食的代表名菜主要有：德国肉肠色拉、德式生鱼片、德式烤杂肉、蔬菜沙拉、鲜蘑汤、焗鱼排等。

（六）酸辣口味——俄式菜肴

沙皇俄国时代的上层人士非常崇拜法国，贵族不仅以讲法语为荣，而且饮食和烹饪技术也主要学习法国。俄国在地理上纬度较高，气温低的日子较多，所以食物讲究热量高的品种，他们喜食热食、爱吃鱼肉、肉末、鸡蛋和蔬菜制成的小包子和肉饼等，各式小吃颇有盛名，也逐渐形成了自己的烹调特色。

俄式菜肴的特点：

（1）口味较重，喜欢用油。口味主要以酸、甜、辣、咸为主，如酸黄瓜、酸菜是餐桌上非常受欢迎的开胃菜。

鱼子酱

（2）制作方式简单，主要以烤、腌、熏为主要烹制方式，常常制作各种熏肉、香肠、火腿等。

俄式菜肴在西餐中影响较大，一些地处寒带的北欧国家的日常生活习惯与俄罗斯人相似，大多喜欢腌制各种鱼肉、熏肉、香肠、火腿以及酸菜、酸黄瓜等。

俄式菜肴的代表名菜主要有：什锦冷盘、罗宋汤、冷苹果汤、鱼肉包子、酸黄瓜汤、黄油鸡卷、鱼子酱等。

（七）其他地区较有影响力的餐饮

1. 日本料理

日本料理起源于日本列岛，逐渐发展成为独具日本特色的菜肴。日本的和食要求色泽自然、味道鲜美、形式多样、器具精良，而且材料和调理手法特别重视季节感、新鲜度。日本料理是被世界公认的烹调过程最为一丝不苟的国际美食，这也成就了日本料理精致而健康的饮食理念。

日本料理　　　　　　　　　　海鲜拼盘

自然原味是日本料理的主要特点，烹调方式细腻而精致。以糖、醋、酱油、味噌、柴鱼、昆布等为主要调料，注重味觉、触觉、视觉、嗅觉等的感官体验。因为喜欢生食海鲜，所以也特别喜欢用芥末调味杀菌。也特别讲究用餐器皿和用餐环境的完美搭配。

日本料理主要分为三类：本膳料理、怀石料理和会席料理，它们是以传统文化、习惯为基础的料理体系。在很正式的日本宴席上，菜品会放在有脚的托盘上；在茶道会之前，主人会给客人准备精美的菜肴。日本热播剧《深夜食堂》，把日本料理和传统文化的

放在有脚托盘上的菜品

日本的寿司

情感完美结合，好评如潮。

而我们熟知的日式拉面、日式煎饺、唐扬鸡块等美食，都属于日本料理的范畴。日本的寿司更是因营养、美味又快捷而闻名于世，我们经常可以看到回转寿司店。

2. 韩国料理

韩国菜以辣见长，是一种兼具了中国菜与日本料理饮食特点的菜肴。正宗韩国料理是少油、无味精、营养、品种丰富的健康料理。韩国菜一般分家常菜式和宴席菜式，各有风味。"味辣色鲜，料多实在"是人们对韩国料理的共识。

由于韩国过去处于农耕社会，因此从古代开始其主食就以米饭为主，

韩式烤肉

这一点与我国南方饮食习惯颇为相似。韩国泡菜（发酵的辣白菜）、海鲜酱（盐渍的海产品）、豆酱（发酵的黄豆）等各种发酵食品，以营养价值和特别的味道而闻名。

韩国自古以来用于各种仪式的礼仪食品种类繁多，包括生产、三七日、百日、周岁、婚礼、聘礼等的贺礼食品、巫俗礼仪食品、祭礼食品、寺庙礼仪食品等，其烹饪方法在各寺庙之间口传至今。此外，韩国人在饭前、接待客人或祭礼饮酒时，还常备鱼虾酱、咸菜、肉干、鱼干等下酒菜，由此开发的各类食品加工技术也丰富了其饮食文化。电视连续剧《大长今》让我们对韩国料理有了更全面而深入的了解。

3. 印度菜

印度菜概括而言就是一种"简单食材+主要调料+烹饪方式"的组合。而印度菜的神奇之处，就在于其多种多样的调料。印度人早已在日复一日的烹饪中熟练使用各种繁杂的调料，也正是由此造就了印度菜神秘而丰富的味道。印度菜是结合药膳和香料制作的朴实简单、做工精细的菜肴。

4. 泰国菜

泰国菜，泛指泰国民族的饮食文化，也叫作泰国料理。泰国菜以酸、辣、咸、甜、苦五味的平衡为特点。其用料主要以海鲜、水果、蔬菜为主。

泰国菜有四大菜系，分别为泰北菜、泰东北菜、泰中菜和泰南菜，反

咖喱鸡肉

映了泰国四方不同的地理和文化。而各地使用的食材，往往跟邻近国家的一样。泰国菜的招牌菜有：冬阴功（酸辣海鲜汤）、椰汁嫩鸡汤、咖喱鱼饼、咖喱鸡肉、芒果香饭等。

三、西餐的文化内涵

西方人秉承欧洲古代游牧民族的文化血统。与农耕民族以采集、种植为主不同，他们的生产方式以渔猎、养殖为主。为了适应这样的生产方式，他们的生活方式也有很大的不同，饮食文化也会受此影响。

鉴于游牧民族的生活特性，为了在残酷恶劣的环境中生存，他们常常使用锋利的狩猎工具去捕捉动物，很大块的生肉也需要锋利的刀具去切割，因此他们用餐时也会使用锋利的工具切割食物，这就演变成现在的刀叉餐具，而且面对不同材质的食物还会选用不同功能的刀叉。

除了餐具之外，西方人受到游牧民族、航海民族生活习惯的影响，与中餐饮食方式最显著的一个差别就是流行自助餐。西餐中常常将所有食物陈列出来，以便于大家各取所需，互不干扰，同时也缺乏中国人喜欢聚在一起聊天共乐、猜拳行令的热闹的饮食氛围。

世界上有很多国家和民族，不同的民族具有自己的文化风格。国家的历史有长有短，实力有强有弱，地理位置也不相同，民族的构成、宗教的分布也都影响着西方各地区的餐饮习惯，从而形成了各具特色的饮食文化。

（一）法式大餐的文化内涵

法国是建立在公元476年西罗马帝国灭亡废墟上的国家，雅典和罗马有一些名厨留在这里，这就奠定了法国菜精致好看的特点。

相传16世纪，意大利女子Catherine嫁给法兰西国王亨利二世，将文艺复兴盛行时意大利的煎嫩牛排和一些烩菜的制作方法带到法国，逐渐丰富了法国餐饮，成了皇亲贵族们流行的菜肴，也成为法国餐饮古典菜式风格的基础，是法餐趋于保守、精致、讲究的历史文化背景。

法国的饮食文化历史非常悠久，从路易十四开始，法国的饮食外交便世界闻名。在法式宴会鼎盛时期，餐桌上一次可上200道菜。法国人最爱吃的菜是蜗牛和青蛙腿，最喜欢的食品是奶酪，最名贵的菜是鹅肝，家常菜是炸牛排外加土豆丝。此外，法国人还特别喜欢喝葡萄酒。

（二）意式大餐的文化内涵

地处南欧亚平宁半岛的意大利，具有优越的地理条件，食品加工业发达。古罗马的宫廷膳房早在公元前2世纪就已经有了庞大的、分工明细的制作队伍。宫廷菜肴文化浓厚，菜肴烹调方式非常讲究，且日益完善，制作方式繁多。这些都奠定了意式大餐成为西餐始祖的地位。

（三）英国菜肴的文化内涵

英国农业不发达，其食品食材主要靠进口，而且英国人对于食物追求简单、营养，所以形成了现在简单便捷的风格。

据说，100年前英国的王室贵族阶层中有晚吃早餐的风潮。清晨，他们英姿飒爽地打猎后回到庄园，一边读书、聊天，一边享受着晚吃的早餐直到晌午，也就有了Breakfast（早餐）和Lunch（午餐）合在一起的Brunch（早午餐）一说。后来，这种习惯也为普通大众所效仿。对于英国人来说，早午餐吃的是一种仪式感和腔调。在英国菜肴文化中，英国人追求的也正是一种吃的态度，享受这种幸福感和仪式感。现在，我国的香港和广东地区流行的喝早茶习惯，就与这有关。广东人节假日就习惯一家人早上八九点钟起床后洗漱出门，选一家口味较正宗的酒楼，叫上一壶茶和各色美味点心，一家人边吃边聊，可能一直吃到下午1点。这样，早餐和午餐全都解决了，一家人又交流了思想，增进了感情，其乐融融，很具幸福感和仪式感。

(四）美国餐饮的文化内涵

美国是一个移民国家，历史短，英国移民多，因此美国的餐饮文化是在英国菜的基础上发展起来的。美国的传统、保守思想较少，生活上比较爱创新，也比较随性随意，常常将当地丰富的农牧产品和其他民族的饮食文化、生活习惯相结合，形成自己的风格。所以，美国的西餐中没有太多有传统特色的菜品。

(五）德国餐饮的文化内涵

西罗马帝国衰落并灭亡后，日耳曼诸部落逐渐建立形成德国，中世纪一直处于分裂状态。德国人保留着日耳曼诸部落的生活习惯，以肉食为主，食物丰富实惠。而且在生活中，德国人喜好运动，因此食量也比较大，在饮食上追求吃饱和营养，所以也比较随意。

德国还以啤酒闻名。1810年，德国举行了庆祝巴伐利亚（德国最大的联邦州）路德维格王子和萨克森（德国中部地区）希尔斯公主婚礼的盛典，也就是第一个十月啤酒节。自此，啤酒节也成为巴伐利亚的一个传统节日。每逢九月下旬，人们就会呼朋唤友地欢聚在一起，喝着自酿的啤酒和自制的食物，并伴有乐队的演奏。

(六）俄罗斯菜肴的文化内涵

历史上的俄罗斯崇尚法国文化，两国除了拿破仑时期战争和克里米亚战争外都是很好的外交关系，因此俄罗斯菜肴很大程度上受到法国菜式的影响，再结合奥地利、匈牙利菜式的一些特点，俄式菜形成了自己的菜式风格。

第二节 席位礼仪

📝 案例导入

王昊和马冉冉谈恋爱数年，今天终于到了见家长的日子。冉冉今天要拜见男方父母和叔叔等亲戚。他俩想来点儿有情调的，也让父母感觉新奇一点儿，于是早早地就在网上预订了一家西餐厅，并提前来到西餐厅等待王昊父母及亲戚们的到来。他们预订的是12人的长条形桌。由于平时他们俩约会时都是面对面而坐，所以王昊坐在了对着门的位置，而冉冉就坐在他的旁边。不一会儿，王昊的父母偕同亲戚们来了，王昊见状马上起身引导父亲坐在了自己的位置上，又引导母亲坐在了父亲的身旁，自己则坐在父亲的另一边，其他亲朋好友也纷纷落座，晚餐在谈笑声中开始了。第二天，王昊发来微信和女友探讨昨天的晚餐情况。原来，昨晚来的亲戚中有一位是王昊的叔叔，他是一所高校的教授，曾经到英国工作过3年，很熟悉西餐的各种礼仪，回家的路上就和王昊的父母谈及晚餐的座位安排不对。叔叔说，西餐桌面对门的位置应该是女主人坐的，而对面背对门的位置是男主人坐的，然后女主人右边坐男主宾，男主人右边坐女主宾，宾客应该是男女相间而坐，而不是夫妻坐在一起。王昊听后感到一丝尴尬，这才和冉冉说起了这件事。冉冉听后也觉得不妥，准备择日去跟叔叔表示歉意，并向叔叔请教更多的西餐礼仪知识。

当接到西餐宴会的邀请时，我们遇到的一大难题就是，来到西餐厅后我们应该怎么坐。这个问题又可以细化成一系列小问题，例如：女士和男士要怎么坐，伴侣一同前往的要怎么坐，从餐椅的哪边落座才更合适，圆桌和方桌的位置又有什么不同，等等。西餐就座的席位与次序既包括一些既定成规的基本原则，又包括一些实用的小建议。这些内容的介绍，能让您在西餐厅就座的时候不再困惑。

一、基本原则

参加西餐宴会时，首先经过宴会厅前的迎宾处。如果有专门的工作人员接待引领，则在工作人员的引导下，按照组织者编排好的座位表依次就座即可。如果没有专人引领入座，可以遵循以下基本原则：

（一）恭敬主宾

在西方宴会中，主宾是极受尊敬的，即使宴请的宾客中有身份或年龄高于主宾的，主宾也仍是邀请方关注的中心。在安排座次时，主宾通常紧挨着主人就座。

（二）女士优先

西方国家特别注意尊重女性，所以在西餐礼仪里，往往是女士优先。

排列位置时，一般是女主人为第一主人，而男主人为第二主人。尽量把靠墙的位置让给女士，这样做是为了方便在上菜的时候，避免因服务生走动而带来的不便。

（三）距离定位

西餐桌上席位的尊卑，是根据其距离主位的远近决定的。距主位近的位置，要高于距主位远的位置。长者通常坐在靠墙的位置，道理与让女士坐在靠墙位置类似，也是为了显示其尊贵的地位。

（四）面门为上

按西餐礼仪的要求，面对餐厅正门的位置要高于背对餐厅正门的位置。这一点与中餐宴会的排序是相同的。

（五）交叉排列

西餐宴会排列席位时，讲究交叉排列的原则，即：男女应当交叉排列，熟人和生人也应当交叉排列，即使夫妻一同赴宴，座位也要分开。在西方人看来，宴会是拓展人际关系的场合，交叉排列的用意就是让人们能多和周围的客人聊天认识，达到社交目的。在西餐礼仪中，绅士意识也是十分重要的，交叉排列也是为了方便男士照顾身边的女士。当身边的女士中途需要离开片刻的时候，身边的男士就需要帮女士移开椅子，以避免因着装不便带来的尴尬。此时，不经意间也维护了男士的风度与形象。但同时也要注意交际时的距离，这里的"距离"既指在帮助身边女士时的接触距离，也指与左右两边女士等距离接触，要注意自己的左边、右边还有对面这三个方位的女士。如果你只关注左边的女士，而把另外两位冷落了，也是有失风度的。

二、位次排列

西餐宴会的位次排法与中餐有一定的区别：中餐宴会多使用圆桌，而西餐则以长桌为主。长桌的位次排法主要有以下两种方式。

（一）长方形桌排列时

长方形桌排列时，男女主人分坐两头：男主人靠近门边，女主人面门而坐。男主人的右边是女主宾，女主人的右边是男主宾，其他依序排列。

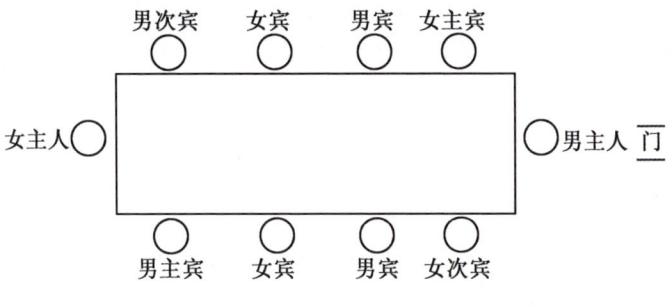

长方形桌的位次排列

（二）桌子是"T"形或"门"字形时

当桌子是"T"形或"门"字形时，横排的中央位置是男女主人座位，身旁两边分别是男女主宾座位，其余依序排列。

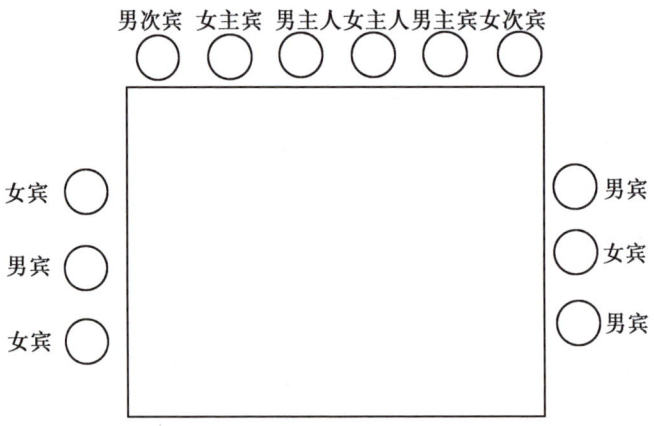

桌子是"T"形或"门"字形时的位次排列

第三节 餐具礼仪

案例导入

今天是王琴和李想恋爱 520 天的日子。"我们今晚去吃西餐吧。"李想下班后收到了女友王琴的一条微信。生在农村的李想虽然从未吃过西餐,但也不好拒绝女友的请求。在餐桌旁坐下后,王琴点好了菜品。他们点的主菜是八成熟的牛排。牛排端上来了,李想左手持叉,右手拿刀,使劲切着牛排,但牛排似乎很难切开。这时,一旁的服务员提示道:"先生,切牛排用这把带锯齿的刀子比较好,这样会比较容易切开。"李想这才反应过来,是自己使用餐具不当。他尴尬地笑了一笑。

吃西餐时所用的餐具主要有刀叉、餐匙、餐巾等。

在正规的西餐宴会上,通常都讲究吃一道菜换一副刀叉,品尝每道菜肴时都要使用专门的刀叉,不可乱用。食物不同,所用刀叉的形状也不同,有吃鱼专用的刀叉、吃肉专用的刀叉、挑抹黄油专用的餐刀、吃甜品所用的刀叉或餐匙等。

一、餐具的种类及摆放

相比于中餐餐具,西餐餐具的种类要多一些,摆放也有诸多讲究。

西餐餐具分为五大类,分别是:盘、杯、刀、叉和匙。其中,盘类包括奶油碟子(butter plate)和餐盘/汤碗(dinner plate/soup bowl)两种;杯类包括水杯(water goblet)、酒杯(wine glass)和咖啡/茶杯(coffee/teagoblet)三种;刀类餐具分为奶油刀(butter knife)、沙拉刀(salad course knife)、肉类刀(meat course knife)三种;叉类分为六种,包括甜品叉(dessert fork)、鱼肉叉(fish course fork)、肉类叉(meat course fork)、沙拉叉(salad course fork)、鱼肉叉(fish course fork)、海鲜叉(seafood fork);匙类分为两种,即咖啡/茶匙(coffee/tea spoon)和汤匙(soup spoon)。

西餐餐桌上一般都盖有台布,餐具通常在大家入座前就已经摆放在每个座位前面了。这些餐具包括：底盘、刀叉、餐勺、面包碟、杯子和餐巾等。桌子上的底盘不直接盛放食物，它的功能是装饰品和托盘的结合。底盘放在就餐者的正前方，侍者上菜时把饭菜及盛菜的盘子放在底盘上。侍者上第一道菜品时，会把底盘拿走。有些餐馆不在餐桌上摆放底盘，侍者上菜时会把饭菜及盛菜的盘子直接放在餐桌上。餐叉放在底盘的左边，餐刀放在底盘的右边（刀刃朝向底盘），餐勺放在餐刀的右边。餐巾既可放在底盘上，也可放在餐叉的左边。杯子放在餐刀的前方，其中最大的是盛水用的高脚杯，次大的酒杯用于喝红葡萄酒，而细长的玻璃杯用于喝白葡萄酒，视情况也会摆上喝香槟的玻璃杯。面包碟及黄油刀放在餐盘的前方或左边，黄油刀横跨在面包碟上。

  刀叉在底盘两边的放置有一定的次序。前菜、汤、料理、鱼料理、肉料理等所使用的刀叉，视你所需而由外至内使用。所以，吃餐前小吃用的刀叉在最外边。吃甜食用的餐具有时要等到后来才送上。这是因为，餐具放置还有另一个规则，就是就餐者面前任何一种餐具的数量不能超过3个（杯子例外）。如果菜品较多，任何一种餐具需要3个以上时，侍者会在需要时把所需的餐具临时送上。多数情况下，喝咖啡和茶时所用的餐具最后才摆上。这时，咖啡杯或茶杯放在一个小碟子上，搅拌咖啡或茶所用的餐勺也放在这个小碟子上。因为餐具的摆放位置是有讲究的，所以吃饭过程中各种餐具应保持在原来的位置。

  餐具的摆放一般如图所示。

西餐餐具的摆放位置

西餐餐具的实物摆放如图所示。

西餐餐具　　　　　　　　西餐餐具摆放

二、餐具使用礼仪

(一) 餐巾的用法

餐巾看似普通，但在西方的餐桌上是必备之物，在餐桌上发挥着多重作用，所以餐巾的使用也是西餐礼仪中不可忽视的一部分。不同的餐巾可以根据宴会的性质叠成不同的图案，如扇形、皇冠形、孔雀形、长方形、三角形等。形状各异的餐巾可与就餐环境相得益彰。餐巾一般会放在用餐者前面的托盘上，也可平放在用餐者左侧的桌面上。

餐巾暗示着宴会的开始和结束。如果你参加正式宴请的话，女主人把餐巾铺在腿上是宴会开始的标志，说明大家可以开始用餐了。女主人若把餐巾放在桌子上了，则是宴会结束的标志。

使用餐巾时先将餐巾对折，可以对角折成三角形，也可以对折成长方形，将褶线朝向自己，平铺在并拢的双腿上，主要是为了防止进餐时掉落的菜肴、汤汁弄脏衣物。注意：不能将餐巾系在身上或裤腰上，更不能将其夹在上衣的领口（像小孩子用的围兜）。

餐巾可用来擦拭嘴巴，一般是用餐巾的末端顺着嘴唇轻轻擦拭，弄脏的地方可向内侧翻卷。餐巾还可以在剔牙的时候作为遮挡，剔出来的食物残渣可直接包在餐巾上,并将餐巾向内折起。特别值得注意的是,餐巾不可用来当毛巾使用,既不能擦汗,也不能擦脸,更不能用来擦拭餐具。

在西方的宴会上,餐巾就是擦拭用的,宾客尽量不要拿出自己的手帕或者纸巾来代替餐巾,这不仅违反用餐的礼仪,而且会让主人觉得这是在担心餐巾的卫生。离席的时候,应将餐巾脏的一面朝内,用盘子或刀具压住餐巾的一角,让其从桌沿自然垂下,这样比较雅观。

如果用餐中途需离开上洗手间,可将餐巾放在座位上,表示你只是暂时离开,回来后还会继续用餐。如果将餐巾随手置于桌上或搭在椅背上,等你返回餐桌时,可能餐桌上的餐具和食物全被服务生收走了;因为餐巾那样放置,意味着你用餐完毕。

(二) 刀叉的用法

1. 刀叉的区别

西餐的主要工具是餐刀和餐叉,这两类餐具既可以配合使用,也可以单独使用。餐刀主要用于切割食物,可分为3种:一种是带小锯齿的,用来切割肉类食物;另两种也带锯齿,刀较大者是用来将大片蔬菜切成小片的;小巧型的,圆头刀尖、顶端上翘的小刀,是用来切开面包,挑抹果酱或奶油用的。

餐叉用来叉起食物,可以单独用于叉餐或取食,也可以用于取食头道菜和馅饼,还可以用于取食那些无须切割的主菜。

2. 刀叉的握法

用刀时,应将刀柄的尾端置于手掌之中,以拇指抵住刀柄的一侧,食指按在刀柄上,其余三指则顺势弯曲,握住刀柄。持叉时应尽可能持住叉柄的末端,叉柄倚在中指上,中间则以无名指和小指为支撑。

3. 刀叉的使用

刀叉的使用一般有两种方法:一种是英式法;一种是美式法。

英式法使用刀叉,要求用餐者在吃食物时,始终右手持刀、左手持叉,边切割边取食,吃多少就切多少。将食物叉起时,叉尖是朝下的。美式法使用刀叉,是用餐者"右刀左叉",一次性把餐盘中的食物全部切成小块后,将刀放在盘子上(注意刀刃要朝内),然后将叉子从左手换到右手,用叉子叉起已经切成小块的食物食用,吃的时候叉尖朝上。无论采用哪种方法,都不要用刀挑食物吃,且动作要轻缓,不让刀叉磕碰牙齿或餐盘发出响声。

牛油刀仅用来挑上牛油或果酱涂抹在面包上，不可作他用。

用刀叉切割食物时，双手应尽量夹紧，不可抬高双肘；否则，既容易影响邻座，又很不雅观。

在西餐宴会上，客人很少直接传唤服务员。受过训练的服务员会根据用餐者刀叉使用所传达的讯息去为客人服务，这就是"刀叉语言"。比如，餐盘中的食物还未吃完，中途放下刀叉时，则应将刀叉分开呈内"八"字形摆放；如果餐盘中的食物已经吃完，还想添加饭菜时，则应将刀叉分开呈"八"字形摆放，服务员会再给你添加饭菜（当然，只有在准许添加饭菜的宴会上或在食用有可能添加的那道菜时才适用。如果每道菜只有一盘的话，就没有必要把餐具放成这样了）；如果已经用好餐，虽然盘中还有食物，但已经不想再吃了，那么你可以把刀叉平行斜着放好，服务员会在适当的时候把你的餐具收走，因为他知道你已用餐完毕。

（三）餐匙的用法

在正式的西餐宴会上，每套餐具中会摆放两把或两把以上餐匙。这里主要介绍两种餐匙：一种是汤匙；一种是甜品匙。两者形状不同，用途也完全不一样。尺寸较大的是汤匙，它一般纵向摆放在用餐者的右手边；较小的是甜品匙，它一般横向摆放在吃甜品专用刀叉的正上方。

在使用餐匙取食时，动作要干脆，不可将甜品或汤羹来回翻搅。一旦舀出部分品尝时，要一次性吃完，切忌一餐匙的食物反复品尝几次。使用餐匙时，要尽量保持餐匙的洁净，不要弄得匙面和匙柄到处是食物。餐匙除了用于喝汤和吃甜品外，不可直接舀取其他菜肴。使用餐匙后，应将它放回原位，不可放在甜品或汤碗中。

用餐期间，如果餐具不慎掉落到地上，可招手示意服务员代捡，并送一份新的过来，不要自己低头弯腰去捡拾。

第四节　用餐礼仪

案例导入

杨茜是一家银行职员。这天是周末，她带着自己6岁的儿子去吃牛排。来到西餐厅后，儿子对桌上各种各样的餐具产生了兴趣。他拿起刀叉相互敲击起来，敲击声引来旁桌客人的目光。杨茜赶紧制止了儿子的行为，并告诫儿子这是不礼貌的行为。随后，服务员开始上菜，头盆、汤、主菜、甜品应有尽有。儿子随手将餐巾拿起来，系在了自己的头上，并说道："妈妈，妈妈，你看，我像不像蒙面大侠？"这样的举动引发了服务员的大笑，杨茜也被自己调皮可爱的儿子弄得哭笑不得。

一、餐前礼仪

在西方，通常正式场合的西餐，客人会在之前的一周左右收到请柬。如果请柬中没有另附卡片，你只需按时参加就行。如果请柬中另附了卡片写着 R. S. V. P.，那么你就需要尽快写好卡片，并将此卡片寄回。即使你有特殊情况不能出席，也必须按时将卡片寄回，以便主人统计人数，安排座位。

在回复卡中，你需勾选自己是否参加，在有些情况下还需说明自己想要的主菜、是否食用奶制品、是否是素食主义者等等一些较为细节的地方。当然，最重要的是，正确填写自己带来客人的数量及名字，这样主人才能准确地安排好座位表，避免出现无处可坐或大面积空座等情况。

二、用餐场合

用餐场合不同，会有相应的礼仪规范。下面介绍西餐中常见的几种用餐场合的礼仪。

（一）鸡尾酒会

国际上许多大型活动都会采用鸡尾酒会的形式招待客人。现在很多商务活动，也会采用商务酒会的形式。

鸡尾酒会的形式比较活泼、简单，也方便人们进行交流。宴会上主要用酒水来待客，备上些许小食品，如面包、点心、蛋糕等，一般是自助的形式。也会有服务生端着托盘，把饮料或点心端到客人面前让客人自取。

在鸡尾酒会上，最好手中揣着餐巾，以便随时将手擦干净。左手持酒杯，见到熟人或该招呼的人，随时要伸出右手与之相握。不要用手抓住杯肚，因为掌温会令酒升温，也会令你无法优雅地与别人碰杯。

鸡尾酒会已不是为了"吃"，而是很重要很有氛围的社交场合。所以，女士可多用华丽和高品质配饰，服装有半正式感，留一点工作状态，保持一半职场的风情。百分百安全的小黑裙这时真可以给不愿意动脑筋的女白领救场，可以在小黑裙上套上质地精良的小西服。丝巾可以使爱裤装的职业女性保持女性的柔媚。可搭配材质考究、款式经典、色泽纯正的黑色或深色的船型皮鞋，鞋面可带有金属点缀。商务酒会一般都是站着交流的，所以女士请选择一双舒适的鞋子，以保证一晚上可以以舒服的姿势优雅站立，千万不要选那种"恨天高"的高跟鞋。不要拎太大的手袋，这会给优雅的形象减分；也不要拎晚宴的那种手抓袋，因为要时时与人握手。最好带一只可以套在手腕上的手袋，既方便一手拿酒杯，又可随时准备与他人握手。

男士可以穿整套正装西服出席，但要让衬衣出彩，尽量用平时很少用的颜色，或者干脆用雪白的收身衬衣，以袖扣来装饰。不爱戴领带的男士可以穿小立领的白衬衣，搭配深色正装西服。应穿系带的正装黑色皮鞋，如果你的职位高，酒会又安排在晚上，那么你可以穿漆皮鞋。

参加酒会时不可矜持不言谈而"故作深沉"。要抓住时机，积极主动地选择自己感兴趣的对象进行交谈，以达到获得信息、联络感情、结交新知的目的。对于旧友，首先主动打一声招呼往往使自己显得亲切、友善，有利于双方关系的深化。对于想要结识的新朋友，则要具备自我介绍的信心，踊跃自荐，以使交际局面迅速打开。

同他人攀谈时，若话不投机，千万不要显出不耐烦的神色，或急于脱身而造成他人不快。谈话时不要心不在焉，那样很容易让人理解为敷衍了事，是对对方不重视的表现，是十分失礼的。要给对方留出随意离开的机会，或提议两人一起去见同一位都熟识的人，或是参加到附近的人群中。

要学会酒会上的有效交流，首先得学会倾听。倾听对方的需求，倾听对方的抱怨。通过倾听了解对方，确定双方交流的主题。自说自话的人永远是不受欢迎的。倾听的同时要互动，而不是一味地傻听，可以通过提问的方式互动，也可以通过重复对方的关键词来确认是否领会对方的意思。善谈能赢得听众，善听才能赢得朋友。

（二）晚宴

在西方，人们习惯将正式宴会安排在晚上8点后举行。举行这类宴会，说明主人对宴会很重视，或庆祝某个重大节日，或庆祝某项活动，或欢迎某位重要人物。正式晚宴一般要事先排好座次，并送出请柬。宴会上还有小型乐队进行现场演奏，主人与宾客间会相互祝酒、致辞。

另外一种是家庭便宴。这种宴会气氛亲切友好，一般邀请的都是主人的亲朋好友，地点选择在家里，因此服饰、餐具、布置都较为随意。

西方的习惯，晚宴一般都会邀请夫妇一同出席。

出席晚宴应尽量着晚礼服，很多礼仪规范与出席酒会相似。

（三）自助餐

自助餐是招待会较为常见的宴会类型，可以是早餐、中餐、晚餐，也可以是茶点。食物会一一装盘放在餐桌上，供客人自行挑选。举行自助餐的地方可以在室内，也可以在室外，比如花园里、院子里。如果邀请的人数较多，自己又很难照顾周全时，自助餐是最佳的选择。

参加自助餐的宴会，需要遵循"少吃多跑"原则，一次不要取用太多食物，可以多跑几次，取食物时要排队等候。用完餐后，要将餐具放回到指定的地方，以减轻主人的工作量。

吃自助餐千万不可"扶墙进"，又"扶墙出"，像很久没饱餐过的，又吃得太多才离开。

三、餐桌礼仪

（一）入座礼仪

入座是西餐礼仪的第一步。在比较正式的宴会上，应从椅子的左边入座。首先站立在座位的左边，左脚先往前迈出一步，然后右脚迈至椅子前方，最后左脚往右迈一步，这样简单的三步就是最标准的入座姿势。如果你的座位在最左边靠墙的地方，无法从左侧进入时，可以从右边入座，步伐同左侧入座刚好相反。

如果男士和女士一同用餐，男士应为女士挪开凳子，协助女士入座，以显绅士风度。就座后，坐姿应端正，腰伸直，女士应双腿并拢。

（二）用餐礼仪

西餐种类繁多，风味各异，上菜的顺序也因不同的菜系、不同的规格而有所差异，但基本顺序大体相同。正式的宴请菜式一般包括：开胃菜

（饮料、水果或沙拉），目的是增进食欲；汤类（亦即头菜），需用汤匙，一同上的还有黄油、面包；副菜（蔬菜、冷菜或鱼）等；主菜（肉食或蔬菜）；餐后食物（甜品、水果等）和饮料（咖啡或红茶等）。

不同品种的菜有不同的吃法。下面为大家介绍各类食物的吃法。

1. 吃面包的方法

面包有时候是每人一份，放在左上角的面包盘里；有时则是放在面包篮里，需要自取。如果是第二种情况，位置靠近面包篮的人，有责任把面包篮传递给旁边的宾客，然后旁边的宾客取用后依次传递下去。其他共用的调味品（诸如盐和胡椒等），也是同样的取用方法。如果你需要什么调味品，而你又够不到，不要站起来越过对方的头顶自己动手拿，可以请别人递给你。

吃面包时，要用食指和拇指把面包撕下来一小块放入口中食用，不要用刀切面包，也不要用叉子叉着吃。如果需要抹上黄油，不要把整块面包全都抹上黄油，而是将黄油抹在撕下来的小块面包上。

吃硬面包时，用手撕不但费力而且面包屑会掉落，此时可用刀先将面包切成两半，再用手撕成小块来吃，避免像用锯子似的锯面包。

2. 吃沙拉的方法

沙拉可以只用叉子叉着吃，或者刀叉并用。用叉子叉着吃时，需要用叉子的边缘把大块的蔬菜切碎，左右手均可。

3. 喝汤的方法

喝汤，用英语表达是"eat soup"，而不是"drink soup"，是一勺一勺地吃，而不是端起碗来喝。喝汤时的姿势应是：用左手扶着碗的边沿，右手拿汤匙，由里向外地舀汤喝。这样做是为了不让汤汁溅到衣服上。

当汤所剩无几时，可用左手微托起汤碗，使其外倾，再用汤勺舀。喝汤时切忌发出声音。喝完汤后，不要将汤匙放入汤碗中，而应搁在托盘上，或放在汤碗下面的碟子里。

4. 吃主菜的方法

主菜的上菜方式大概有以下几种：一是侍者端上托盘，个人自取；二是侍者举着托盘逐一为每位宾客夹取；三是用餐碟盛放，每人一份。

如果是侍者上餐，侍者通常由客人的左手边上菜；但收拾刀、叉、盘子的时候，侍者会从客人的右手边收取。用餐者可以和侍者交流需要哪些食物。

主菜中往往有吃起来有难度的食物。西餐中，吃起来有难度或者容易飞溅的食物，大概就是意大利面和各种带刺、带骨头的肉类了。

食用意大利面时，为了防止飞溅，可以左手拿勺，右手持叉，在汤勺的帮助下，把通心粉缠绕在餐叉上送入口中。电影《布鲁克林》中，西尔莎·罗南饰演的艾莉丝在第一次去男朋友家吃饭时，她的女伴就告诉她这样吃意大利面才能保持淑女风范。

西餐的叉子通常是四个齿的；而海鲜叉是三个齿的，且微微向上翘起。吃鱼时，用鱼刀沿着鱼背割下鱼肉，吃完上半面，用刀叉将鱼骨去掉放在盘边，再吃下层的肉。鱼肉易碎，如果特制的叉子无法将其叉起，可用勺子帮忙。如果鱼带骨头，吃完一面后不要翻，而是将骨头剔除，再吃剩下的。吃生蚝、龙虾、海螺、螃蟹等食物时，服务员一般会送上特别的工具。

进餐时如果遇到有骨头、刺或核时，能用刀叉去掉的尽量使用刀叉。若吃到嘴里要吐出来，则必须用刀叉或手接住放在盘边，不要吐在桌布或地上。

在正式的宴会上，如果不知道如何食用某种食物，最好等一等，观察周围人是怎么处理的。如果第一次邀请他人去西餐厅用餐，也最好不要点"难度高"的食物，以免客人难堪。

5. 吃甜品的方法

食用甜点时使用盘子上方的叉勺。叉子用来叉水果，勺则用来吃布丁类的软食物。有时候遇到了水果块头太大无法一口吃下的情况，也可以用勺代替刀，帮助切成小块后再吃。

（三）饮酒礼仪

在正式的西餐宴会中，酒是餐桌上的主旋律，一般有餐前酒、进餐酒、餐后酒三种。

餐前酒，也叫开胃酒，是在正式用餐前饮用的，一般有鸡尾酒、威士忌、伏特加、啤酒、葡萄酒等。开胃酒不宜喝太多，喝多了反而影响食欲。

进餐酒是正式用餐时饮用的酒，通常是指葡萄酒。正式西餐，在每道菜上来之时，服务生都会倒上酒。酒随着菜肴的不同而不同，通常是"白酒配白肉，红酒配红肉"。白肉，是指鱼肉、鸡肉、海鲜等，一般搭配白葡萄酒；红肉则指牛肉、羊肉、猪肉等，一般搭配红葡萄酒。白葡萄酒宜在7℃左右喝，可以加冰块；红葡萄酒的饮用最佳温度是18℃。因此，在饮用葡萄酒时，一定要用高脚的玻璃杯，并用除小手指以外的四个手指捏住杯脚。

餐后酒是有助于餐后消化的酒，比如白兰地，其酒精度数为42°～43°。这种酒的品尝方式，是用手掌握住酒杯，用手心的温度将酒加温，待其香味四溢时再小酌品味，不可一饮而尽。

通常情况下，饮用什么酒就会选用其专用的酒杯。在每位用餐者桌面上右边的位置，大都会横摆着三四只酒杯，取用顺序是依次从外侧向内侧。

（四）喝咖啡礼仪

在西方，除了在餐桌上吃饭喝酒外，还有另外一种宴请方式就是请喝咖啡，常见地点有休息厅、咖啡厅等。喝咖啡时，要特别注意个人的行为举止，主要从饮用的数量、配料的添加、品用的方法等方面加以注意。

喝咖啡时要注意适可而止，所点咖啡每人不要超过三杯。喝咖啡不是为了解决口渴，而是一种情调、一种享受。

根据个人口味的需求，喝咖啡时会往杯里添加一些改善口味的配料，比如牛奶、方糖等。某种配料用完时，不要大声呼叫，也不可给他人添加

咖啡

配料。给咖啡添加砂糖时，要用小勺舀取进行添加；若是添加方糖，则应用夹子先夹取方糖放在咖啡碟上，再用咖啡勺将方糖加入杯中。添加任何配料，动作都要尽量轻缓，以免咖啡溅出而弄脏衣物。

喝咖啡本身是一种很惬意的交际方式，所以举止也应得体、文雅。握住咖啡杯时，要用右手的拇指和食指拈住杯把，不可双手握杯或用手托住杯底，也不可俯首就杯来喝。坐着喝咖啡时，只需端起杯子。只有起身站立或走动时，才将咖啡杯和碟一起端上。用勺搅拌配料时动作要轻缓，使配料和咖啡充分融合均匀。搅拌完毕后，应将勺靠近杯子的内沿，使咖啡顺势滴下后再放回碟子。不能用咖啡勺舀着咖啡喝，也不可将杯中的咖啡一饮而尽。

（五）其他细节

吃西餐是吃文化，吃氛围。西餐厅一般都很安静，光线柔和，伴有舒缓的轻音乐，所以用餐、交谈、走动时都要尽量轻缓，不要破坏了其他用餐者的雅兴，更不要大声呼唤服务员或高声劝酒。

等菜间隙交谈时，应当将手放在腿上，不可以将手肘放在餐桌上，托头就更不可取了。

切食物时，手肘、手腕都不要碰到餐桌，要呈悬空状态。

用餐期间与人交谈、有肢体语言或传菜时，应将刀叉放下，不要用刀叉指着别人或在空中挥动。

在宴会开始之前，最好将手机调至静音状态。

如果用餐愉快，千万不要忘了感谢主人，最礼貌的做法是回家后寄一封感谢函来。当然，现在发一条信息或微信也可以。

延伸阅读

[1] 纪亚飞. 优雅得体中西餐礼仪 [M]. 北京：中国纺织出版社，2014.

[2] 陈弘美. 用刀叉吃出高雅：西餐礼仪 [M]. 北京：三联书店，2012.

[3] 坎托. 鸡尾酒经济学：酒会闲话经济循环 [M]. 北京：中信出版社，2009.

[4] 赵佐荣，刘淑娟. 茶与咖啡：经济交往与文化礼仪 [M]. 银川：宁夏人民出版社，2006.

[5] 王芳. 西餐文化与礼仪 [M]. 北京：中国轻工业出版社，2016.

[6] 林莹，毛永年. 西餐礼仪 [M]. 北京：中央编译出版社，2010.

📺 视频链接

1. 国家精品在线开放课程（慕课）《现代礼仪》第七章。http://www.icourse163.org/course/HNU-20005。

2. 中央电视台10频道《百家讲坛》之《金正昆谈礼仪：西餐礼仪》。http://tv.cntv.cn/video/VSET10/be75c1e0986f46a1a119c50f5c7a298e。

第四章 饮酒礼仪

礼是发自内心的尊重和敬意，它需要通过一定的仪式表达出来。饮酒的习俗和礼仪，就是通过酒及其相应的仪式来表达内心感受及对他人敬意的方式。饮酒的历史渊源、酒的种类、盛酒的器皿、饮酒时应注意些什么，都是本章要着重介绍的。

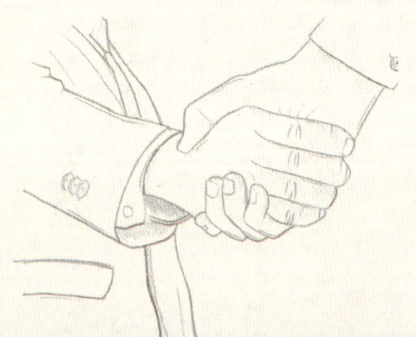

第一节 酒的概述

💬 案例导入

【案例1】 陈遵因酒遭杀身之祸

西汉哀帝末年,一名叫陈遵的官员才华横溢,即使是后来专权的王莽也对他刮目相看;但陈遵有一个大毛病,就是嗜酒如命、不醉不休。他每天都是觥筹交错、举杯畅饮。自己喝也就算了,但他还热情得要命,独乐乐不如众乐乐嘛。一旦地方官来访,为了留住客人,陈遵常命人关紧大门,留客豪饮。这还不是最过分的。只要这些客人敢说一个"不"字,他就把客人的马车轮子卸掉扔进井里。这就好比今天拔掉客人的车钥匙,硬逼着客人留下喝酒一样。后来,陈遵因为饮酒无节制,被免去了河南太守的职务;但即使如此,他仍然不思悔改、我行我素,最后在醉卧中被杀。骆宾王诗中的"陆贾分金将宴喜,陈遵投辖正留宾",用的就是这个典故。

【案例2】 赵匡胤杯酒释兵权

宋太祖赵匡胤在夺取了皇位之后,有一天,他把以石守信为代表的帮他打江山的高级将领们留下喝酒。就在酒兴正浓的时候,赵匡胤突然让侍从们退避。他向将士们诉苦,说:"虽然我现在做了皇帝,但我彻夜难眠,做皇帝还不如做一个小官愉快啊。"将士们心中一惊,知道圣上话中有话,遂小心翼翼地问道:"现在您已经是皇帝了,天命已定,还有什么可担忧的呢?"赵匡胤回答:"谁不想做皇帝呢?到时候有人让你们黄袍加身,你们也是身不由己啊。"这些将领知道已经受到猜疑,以后说不定还有杀身之祸,一时都惊恐地哭了起来,恳请皇上给他们指明一条生路。赵匡胤表示,手握兵权的人易遭猜忌,而衣锦还乡安心养老却可以富贵万年。于是,第二天,这些将领纷纷辞官回乡。赵匡胤只利用一场小小的酒局,就使宏大的中央集权制度得到了加强。这就是历史上有名的"赵匡胤杯酒释兵权"的故事。

【案例3】 酒精中毒的青年

笔者朋友的侄儿小A刚满18岁,是一个俊朗的青年。因为他跟笔者学演讲,所以常常见面。有一次,笔者偶然和朋友聊起小A,问

◎ 第四章 饮酒礼仪

朋友小A这一段时间在做什么。一问才知道，小A因为过年在家喝酒，酒精中毒诱发肝炎，住了一段时间医院，出院后一直在休养。"只是正常的喝酒，怎么会住院呢？"笔者非常好奇。朋友叹了口气，说："我们家那边的劝酒习俗太害人了。过年办家宴，宴会刚开始，我侄儿因为好奇白酒是什么味道——他有时候也喝一些果酒什么的——就是想尝个味。谁知道，他刚拿起杯子啜了一口，家里的大人就全都兴奋地看着他，还说什么，'你想喝酒可不能白喝。都是成年人了，过来给长辈们一人敬一杯。不敬酒你就是不懂规矩了，对长辈不敬了。'他没办法，就开始敬酒。结果我们家偏偏男丁多，敬完爷爷敬大伯，敬完大伯敬二舅，敬完二舅敬三叔……别的桌看到这一桌晚辈敬酒，也跟着起哄，非要让我侄儿再过去敬敬他们。我侄儿没办法推脱，只好一个又一个地敬，一桌接一桌地喝。他喝完最后一杯，突然就倒地不省人事，把我们大家吓坏了。送医院一检查，发现他是酒精中毒。"听完朋友的述说，笔者唏嘘不已，同时也庆幸自己家没有这么可怕的"酒桌文化"。

中国的酒文化有着丰富而悠久的历史。中华民族大家庭中的56个民族，除了个别民族一般不饮酒外，其他民族都是饮酒的，而且各民族的饮酒习俗各有千秋。在几千年的发展中，酒的礼仪也在不断发生变化。

一、酒的起源

中国是白酒的故乡，也是酒文化的发源地，是世界上酿酒最早的国家之一。中国早在2000年前就发明了酿酒技术，并不断改进和完善。现已发展到能生产各种浓度、各种香型的酒，甚至包含各种含酒的饮料。

我国酿酒年代久远，但究竟起源于何时，又由谁发明了酿酒术，迄今仍无定论。关于酒的起源，历来流传很多说法；但人们普遍认同、流传甚广的，主要有猿猴造酒、仪狄造酒、杜康造酒三种。

清代文人李调元在《粤东笔记》中记载："琼州（今海南岛）多猿……尝于石岩深处得猿酒，盖猿以稻米杂百花所造，一石穴辄有五六升许，味最辣，然极难得。"

陆柞蕃在《粤西偶记》中曾写道："粤西平乐等府山中多猿，善采百花酿酒。樵子入山，得其巢穴者，其酒多至数百石。饮之，香美异常，名曰猿酒。"猿猴不仅会"造酒"，而且嗜酒。唐人李肇所撰《国史补》，对人类如何捕捉聪明伶俐的猿猴，有一段精彩的描述："猩猩者好酒与屐，人有取之者，置二物以诱之。猩猩始见，必大骂曰：'诱我也！'乃绝走远去，久而复来，稍稍相劝，俄顷俱醉，其足皆绊于屐，因遂获之。"猿猴是十分机智灵活的动物，人们很难活捉它们；但人们经过细致观察，发现猿猴有一个致命弱点，那就是"嗜酒"。于是，人们常用酒作诱饵，使猿猴就范，几乎屡试不爽。这种捕猴的方法也成了非洲和东南亚一带土著民抓捕大猩猩或者猿猴的主要方法。

仪狄造酒说，最早记录于《世本》。《世本》是秦汉时期的人辑录古代帝王公卿谱系的书。该书说道："仪狄始作酒醪，变五味，少康作秫酒。"该书认为仪狄是酿酒第一人。后来，西汉人刘向编订的《战国策》记载："昔者，帝女令仪狄作酒而美，进之禹，禹饮而甘之，遂疏仪狄，而绝旨酒。"仪狄是夏朝帝王夏禹手下的官吏，后失宠而被贬酿酒。因为有这样的文字记录，所以"仪狄造酒"说也颇为流行。

杜康造酒之说至今广为流传。人们认为，是杜康发明了高粱酿酒技术，所以杜康是酿酒的祖师爷，日本人将酿酒工人统称"杜氏"。更有曹操《短歌行》中"对酒当歌，人生几何？譬如朝露，去日苦多。慨当以慷，忧思难忘。何以解忧？唯有杜康。"传说，杜康是夏朝的第六代皇帝，在寒浞（灼）篡政时逃离家乡，隐姓埋名开始研究酿酒术。《世本》中也有过"仪狄始作酒醪，变五味，少康作秫酒"的记载，宋代高成写的《事物纪元》中有"杜康始作酒，不知何时人"；但因为"不知何时人"，所以"杜康造酒"之说也只是一种传说，无从考证，以至于目前市场上出售的杜康酒就有两种：一种产自河南汝阳县，因为城北有杜康村，原称杜康仙庄，村旁有酒泉沟而命名；另一种产自陕西白水县，据白水县志记载，杜康为白水县人，村有杜康泉，并有杜康庙，因此命名。

所以，酒文化源远流长，饮酒礼仪也是博大精深，但酿酒术到底由谁发明，至今没有定论。

二、酒的分类

世界各地各民族都有饮酒的习俗，也都有各自喜欢的酒的品种。酒的品种可谓丰富多样,其分类也就有了很多标准。

(一) 按酒的酿制工艺分类

主要可以分为三大类:酿造酒、蒸馏酒、配制饮料酒(又称配制酒)。

1. 酿造酒

酿造酒是用谷物、水果等原料经发酵后,在一定的容器内放置一定时间,窖藏而产生的含酒精的饮品。酿造酒的酒精含量都不高,一般在20%以内。这类酒主要包括啤酒、葡萄酒、米酒和果酒等。这类酒的营养成分较丰富,现在很多人用以养生保健,但不宜长期储存。

啤酒是用麦芽、啤酒花、水和酵母发酵而产生的含酒精的饮品的总称。啤酒按发酵工艺又分为底部发酵啤酒和顶部发酵啤酒。底部发酵啤酒包括黑啤酒、干啤酒、淡啤酒、窖啤酒和慕尼黑啤酒等;顶部发酵啤酒包括淡色啤酒、苦啤酒、黑麦啤酒、苏格兰淡啤酒等。

葡萄酒主要是以新鲜的葡萄为原料酿制而成的。依据制造过程的不同,可分为一般葡萄酒、气泡葡萄酒、酒精强化葡萄酒和混合葡萄酒四种。一般葡萄酒就是我们平常饮用的红葡萄酒、白葡萄酒和桃红葡萄酒。气泡葡萄酒以香槟酒最著名,而且只有法国香槟地区所生产的气泡葡萄酒才可以称为香槟酒,世界上其他地区生产的就只能叫气泡葡萄酒。酒精强化葡萄酒的代表是雪利酒和波特酒。混合葡萄酒如味美思等。

米酒主要以大米、糯米为原料,与酒曲混合发酵而制成。米酒的代表是我国的黄酒和日本的清酒。

果酒则是用水果本身的糖分被酵母菌发酵成为酒精的酒,含有水果的风味与酒精。民间的家庭时常会自酿一些水果酒来饮用,如李子酒、梅酒、猕猴桃酒等。因为这些水果表皮会有一些野生的酵母,加上一些蔗糖,因此不需要额外添加酵母也能有一些发酵作用。但民间传统做酒的方法往往费时费力,而且容易被污染,所以外加一些活性酵母是快速酿造水果酒的好方法。

2. 蒸馏酒

蒸馏酒的制造一般包括原材料的粉碎、发酵、蒸馏及陈酿四个过程。这类酒因为经过了蒸馏提纯,所以酒精含量都比较高。中国白酒、白兰地、威士忌、伏特加、金酒、朗姆酒号称世界六大蒸馏酒系列。其特点是酒精度数高,一般在30%以上,但是它们几乎不含人体所必需的营养成分。由于是蒸馏冷凝后的原酒,所以必须经过长期陈酿,短则2~3年,长则 8~15 年甚至 15 年以上。

（1）中国白酒。一般以小麦、高粱、玉米等原料经发酵、蒸馏、陈酿而成。中国白酒品种繁多，其中又有多种分类方法。

（2）白兰地。是以水果为原材料制成的蒸馏酒。白兰地特指以葡萄为原材料制成的蒸馏酒，其他白兰地酒还有苹果白兰地、樱桃白兰地等。

（3）威士忌。是用预处理过的谷物制造的蒸馏酒。这些谷物以大麦、玉米、黑麦、小麦为主，或加以其他谷物。发酵和陈酿过程的特殊工艺造就了威士忌的独特风味。威士忌的陈酿过程通常是在经烤焦过的橡木桶中完成的，不同国家和地区有不同的生产工艺。威士忌以苏格兰、爱尔兰、加拿大和美国等四个国家和地区的最具知名度。

（4）伏特加。伏特加可以用任何可发酵的原料酿造，如大麦、小麦、黑麦、玉米、马铃薯、甜菜甚至甘蔗等。不具有明显的特性、香气和味道，是伏特加与其他酒的最大区别。

（5）金酒。又名杜松子酒或琴酒。最先由荷兰生产，在英国大量生产后闻名于世，是世界上第一大类的烈酒。金酒按口味还可分为辣味金酒、老汤姆金酒和果味金酒。

（6）朗姆酒。朗姆酒主要以甘蔗为原料，经发酵蒸馏制成。一般分为淡色朗姆酒、深色朗姆酒和芳香型朗姆酒。

3. 配制酒

配制酒，又称调制酒，是酒类里面一个特殊的品种，不能专属于哪类酒，而是混合的酒品。配制酒是以酿造酒、蒸馏酒或食用酒精为酒基，加入各种天然或人造的原料，经特定的工艺处理后形成的具有特殊色、香、味、型的调配酒。它的诞生晚于其他单一酒品，但发展却很快。配制酒主要有两种配制工艺：一种是在酒和酒之间进行勾兑配制；另一种是以酒与非酒精物质（包括液体、固体和气体）进行配制。

法国、意大利、匈牙利、希腊、瑞士、英国、德国、荷兰等国的配制酒最有名。按照饮用的时间先后，配制酒一般分为开胃酒、甜食酒、利口酒三类，每类又有很多不同品种。

中国也有许多著名的配制酒，如虎骨酒、参茸酒、鹿龟酒、竹叶青等。

（二）按酒的香型分类

这种方法是按酒（主要指白酒）的主体香气成分的特征来分类。在我国国家级评酒中，往往按这种方法对酒进行归类。

1. 酱香型白酒

这类酒的发酵工艺最复杂，所用的大曲多为超高温酒曲，酱香柔润是其主要特点。茅台酒是这类酒的代表。

2. 浓香型白酒

这类酒的发酵原料有多种，但以高粱为主。其发酵采用混蒸续渣工艺，浓香甘爽是其特点。采用陈年老窖发酵，也有人工培养的老窖。在我国的名优酒中，浓香型白酒的产量最大。四川、江苏等地酒厂所产的酒，大多是这种类型。泸州老窖特曲、五粮液、洋河大曲是这类酒的代表。

3. 清香型白酒

这类酒的特点是清香纯正，一般采用清蒸清渣发酵工艺，采用地缸发酵。山西汾酒是这类酒的代表。

4. 米香型白酒

这类酒以大米为原料，以小曲为糖化剂，特点是米香纯正。桂林三花酒是这类酒的代表。

5. 其他香型白酒

有些酒的酿造工艺采用浓香型、酱香型或清香型白酒的一些工艺，有的甚至蒸馏工艺也采用串香法，所以上面各类酒的特征并不明显，无法归为上述某一类。这类酒的主要代表有西凤酒、董酒、白沙液等，其香型各有特征。

（三）按酒精度数分类

按酒中乙醇的含量可以分为低度酒、中度酒、高度酒。

低度酒，是指乙醇含量在20%以下的酒。发酵酒和某些配制酒，一般属于这一类型。

中度酒，是指乙醇含量为 20%～40% 的酒。多数配制酒属于这一类型。

高度酒，是指乙醇含量在40%以上的酒。各种蒸馏酒一般都属于这一类，某些配制酒也属于这一类。

除了按上述办法对酒进行分类外，还可以按原料分为白酒、黄酒和果酒。按总糖含量，可分为干型、半干型、半甜型、甜型、浓甜型酒（当然，这只是葡萄酒、黄酒和果酒等发酵酒的一种分类方法）。啤酒还可以按色泽分为浅色啤酒、深色啤酒、黑啤酒三类。葡萄酒也可分为白葡萄酒、红葡萄酒、桃红葡萄酒。

三、酒器分类

中国的酒文化源远流长。古人对于饮酒有诸多讲究，从酿酒、盛酒、温酒到饮酒，不仅有很多仪式感的流程，而且对盛酒的器皿也有很多讲究。所以古代盛酒的器皿也是名目繁多，包括尊、壶、爵、角、觥、瓠、彝、卣、罍、瓿、杯、卮、缶、豆、斝、盉等。有很多盛酒的器皿我们可能闻所未闻，而且现在也不怎么用了。这里着重介绍一些现在的生活中还可见到或用到，或者在电视剧中见到的酒器。

尊，又名酒樽，是古代酒器的一种通称。如图所示的"四羊方尊"，因呈方形，四个角上分别以羊头作为装饰而得名。这样的尊上常常用动物形象来作装饰。酒樽有大有小，主要盛酒用。

壶，现代人盛酒多用壶。像我们喝红酒之前，就往往要将红酒先倒入壶中醒酒。壶的形状一般是颈长，中间大，底部呈圆形。壶不仅可以盛酒，还能装水，城市居民家中常用壶装凉白开水。

爵，主要用来温酒。爵的下面有三只脚，而且比较高。三只脚之间的空处可放上炉子升火温酒。白酒温热后再饮用，对身体有好处。

四羊方尊

觥，是一种盛酒、饮酒兼用的酒具，像一只横放着的牛角，上面有盖，多为兽形。觥常常被用作罚酒的器具。

杯，是现在用得最多的饮酒器具了。饮不同的酒会用不同的杯子，常见的有白酒杯、红酒杯、香槟杯、啤酒杯，等等。

四、酒的文化

（一）深含敬意

红酒杯

中国的酒文化有着丰富而悠久的历史。远古时期，因为社会生产力水平低下，生产和生活资料都严重匮乏，人们不可能有多余的粮食和水果用来酿酒，生产的酒自然就很珍贵。还因为人们缺乏对酒的科学认识，无法理解酒的成因，但又惊讶于酒那种让人神魂颠倒、飘飘欲仙的作用，自然就把酒看得特别神奇，也就顺理成章地将酒当作祭祀之中最能表达恭敬之心的物品了。人类用酒来祭祀天地神明，最早应该可以追溯到夏殷时代。

远古时期，中国人没有自己的宗教，往往认为天地万物有神灵。人们无法理解生老病死、日月星辰、风雨雷电、自然灾害等现象产生的原因，以为天地是万物的主宰，以为风调雨顺、五谷丰登是上天的恩赐，以为电闪雷鸣、洪涝干旱、生老病死是上天对人们的惩罚。于是，取悦上天，向上天祈福就成了人们生活中最重要的活动，人们就一定会将最珍贵而又难得的酒作为贡品。那是一种对自然的敬畏，对美好生活的向往。所以，最早在酒中所蕴含的就是人们的美好祝愿了。

在周代，以酒作为祭祀之物有了很大变化。当时用于祭祀的酒和人们饮用的酒是不同的，不能将二者混淆。有资料记载，祭祀之酒称为"五齐"：一曰泛齐，二曰醴齐，三曰盎齐，四曰醍齐，五曰沈齐。古人王昭禹说："五齐用以祭祀，每有祭祀其造作必有量数，故曰齐焉。"这里的量数，是指"既有米麦之数，又有功沽之巧"。

五齐之酒在祭祀时摆放的方位也有很多讲究。《礼记·礼运》说："玄酒在室，醴醆夸户，粢醍在堂，澄酒在下。"唐代陈藏器解释说："太古无酒，用水行礼，后王重古，故尊之名元酒。祭则设于室内而近北处；醴齐、盎齐因葱白色也，设在室内稍南近户处；醍齐酒成而红赤色也，又卑之列于堂；沈齐成而滓沈也，又在堂之下矣。"

　　而《尚书正义》记载："王受册命之时，立于西阶上少东，北面。太史于柩西南，东面读策书。读册既讫，王再拜。上宗于王西南，北面奉同、瑁以授王。王一手受同，一手受瑁。王又以瑁授宗人。王乃执同，就樽于两楹之间，酌酒，乃于殡东西面立，三进于神坐前，祭神如前祭。凡前祭酒酹地而奠爵讫，复位。再拜，王又于樽所别以同酌酒，祭神如前。复三祭，故云'三宿、三祭、三咤'。然后酌福酒以授王，上宗赞王曰：'飨福酒。'王再拜，受酒，跪而祭。"可见，王被册立的时候，以酒祭奠神灵也是必不可少的一个重要礼仪环节。

　　当时祭祀敬献的礼仪如此繁复，是经历很长的发展时间才得以形成的。沿袭这样的传统，直到现在，在隆重的场合，向最尊敬的人表示敬意时，人们也仍旧会用"敬酒"的方式表达出内心的真诚与恭敬，甚至一直就有了"无酒不成席"的俗语。

　　酒在古代不仅用在祭祀、王被册立的仪式上，也是统治者用以维护统治地位、操纵臣属的有效工具。本节一开始引用的前两个案例，就充分说明了这一点。

　　《诗经·小雅·北山》有云："普天之下，莫非王土。率土之滨，莫非王臣。"家天下是古代封建君王所普遍拥有的思想，自然就要取用天下万物中的精华为其所用。为了长久统治，必须尊崇特权，所以在其统治的地域，所有最好的东西都要进贡给君王享用。酒自然也成了珍贵的贡品。

　　但所有的统治者又深知，治理天下需要有臣属出力。在严格管理和用律法规范臣属行为的同时，惩戒和奖励就是君王操纵臣属的有效工具。给臣属分一杯羹，以示尊宠，借以让他们更加忠于君王。所以，从商周开始至历代王朝的统治者，都有以赐酒作为驾驭臣下和笼络人心的手段。君王饮用的酒，是国内最好最昂贵的酒，其他人不敢染指。饮用这样的酒，代表着身份和地位，所以君王常常以酒为赏赐物，给臣下以荣耀。君王对于王宫里那些忠诚的卫士，以及驰骋疆场、为其卖命的将士，常以赐酒作为

○ 第四章　饮酒礼仪

鼓励和犒赏；而对于烈士的遗孤或老人，也会赐酒表示慰问。酒的附加价值为封建帝王维持其统治地位起到了很重要的作用。

《资治通鉴》记载，在春秋时，乐毅领兵伐齐，燕昭王亲自带酒肉等到济上犒劳军士。有的君王为赏赐有重大贡献的臣属，还会为臣属亲自把盏，三次赐酒。历史上就曾有过君主赐酒的故事。宋太祖借用赐酒，杯酒释兵权；明太祖借用赐酒时机，火烧庆功楼等等。后来有的君王诛杀立有大功的大臣，为保全其尸体，也会用"赐酒"这种方式，不过那就是有名的"鸩酒"，酒液里面含有致命的剧毒。这样的例子不胜枚举，《汉书》就有这样的记载："太后怒，令人酌两卮鸩酒置前，令齐王为寿。"说的是吕后为防篡位，赐鸩酒害齐王的事。在唐朝太宗时期，宰相房玄龄只有一妻，太宗让其娶妾，玄龄不敢，太宗就把他的妻子招至宫殿赐以"鸩酒"，玄龄的妻子爱夫不惧死，舍命喝下"鸩酒"，却原来是一坛老陈醋，在历史上留下了"吃醋"的笑谈。

君王赐酒也有以玺书的形式授予的，一般都是很多种赏赐，开列出单，使共知所得之数。另外可以根据玺书赏赐的数量取酒，所赐之酒按月给量，如同按月领取俸禄一样，可见君王之酒的分量贵如黄金。在汉朝后期还有官员将赐酒贿赂上级，以获得更高的职位，君王举世无双的美酒有怎样的价值可见一斑。酒的利用价值不断被发掘，远远超出了它的物质价值，甚至无法用金钱衡量。

从以上所提到的酒的各种用途不难看出，在古代，酒中深含敬意，即便是帝王赐予臣子的"鸩酒"，那也有一个"赐"字。

到了现代，很多人为了酬谢别人或者讨好某人，也仍旧会选取上等好酒来作为礼物，其中也深含敬意。

（二）讲究礼仪

礼乐制度是社会文化发展的产物，也是社会文明的标志。当人类结束蒙昧、开始启蒙时，礼乐就成了人类进步的起点。周代是一个充满神秘感的时期，人们对和平幸福的追求与向往，通过礼仪的建树表现得异常强烈。周朝的礼仪方式很多，对于相互之间战事不断的诸侯来说，人们希望礼仪能够产生一种无形的约束。所以，周朝的礼乐制度可谓非常繁复。

周代时用酒祭祀就有很多礼仪要求。从内容上看，饮酒的礼仪有等级之分。人们把饮用的三种酒分别称为事酒、昔酒和清酒。"事者方有事于糟溰，昔者熟之而可久，清者澄之而可饮。"这三种酒，根据质量的好坏，在礼仪上有不同的使用。还有介于之前提到的"五齐"之酒与"三酒"之间的"四饮"，即：清、医、浆、酏。

周朝对于饮酒器具、饮酒类别有要求，对于哪个等级的人使用何种酒器也有礼仪规定：一升曰爵，二升曰觚，三升曰觯，四升曰角，五升曰散，一斗曰壶。从诸臣祭祀时与君王使用酒器的区别上可知，君臣不能使用同一种酒器，不能饮用同一种酒，而是要严格按等级来享用。如"孟夏之月，天子酎用礼乐"，意即天子享用酎这种美酒时，必须有乐器歌舞相伴，才符合天子的身份。

在周代，饮酒礼仪不仅仅局限于上流社会，在民间也有最朴素的礼仪习俗。积极推行礼仪的孔子在子夏问孝的时候就说："色难。有事，弟子服其劳；有酒食，先生馔，曾是以为孝乎？"在孔子看来，多替父母干活，有酒食给父母吃，还不能算作孝，还要讲究敬酒的礼仪。

《中庸》也有宗庙之礼中的礼仪记载："宗庙之礼，所以序昭穆也；序爵，所以辨贵贱也；序事，所以辨贤也；旅酬下为上，所以逮贱也；燕毛，所以序齿也。"在宗庙祭祖之后的酒宴上，依据年龄大小来安排座次。在饮酒时，晚辈必须为长辈举杯，这样才符合礼节。

古代饮酒的礼仪主要有四步：拜、祭、啐、卒爵。具体来说，就是先做出拜的动作，表示敬意；接着，把酒倒在地上一点，祭谢大地生养之德；然后尝尝酒味，并加以赞扬；最后，仰头喝干杯中之酒。所有人都必须遵守饮酒的礼仪，不然就有犯上作乱的嫌疑。

人们在宴会中，往往都分宾主而坐。主人坐正位面门为尊；或者席间为尊者坐主位，主人在其侧相陪。座次按尊卑长幼排序，一般要等上座的尊者入席后，其他人才可落座。饮酒时，主人必须先向主宾敬酒以示尊重；客人喝完杯中酒后，也必须以酒回敬主人，感谢盛情款待。主人为了劝客人能够多饮，必须自己先饮酒以作表率，这样才能营造一种融洽和谐的氛围。

（三）酒中有德

酒已成为绝大多数聚会和宴请时不可缺少的饮品；但酒不仅仅是物质，人们在饮酒时也应遵循酒之礼仪道德，在享受佳酿的同时不要丢失了德行。

古人饮酒就很讲究酒德。关于酒德的记载，最早见于《尚书》和《诗经》。儒家认为，饮酒者要有德行，不能骄奢淫逸。用酒祭祀敬神，尊老奉宾，都是德行的体现。儒家并不反对饮酒，《尚书·酒诰》集中体现了儒家思想，归纳起来有四点："饮惟祀"，只有在祭祀时才能饮酒；"无彝酒"，不要经常饮酒，平常应少饮酒，以节约粮食；"执群饮"，不要聚众饮酒；"禁沉湎"，禁止沉溺于饮酒而导致饮酒过度。

古人尚且这么讲究酒德，新时代的我们更应有这种意识，不嗜酒、不纵酒、不劝酒，不酒后乱性，更不可酒后开车。近年来，因"酒驾"甚至"醉驾"而出车祸、寻衅闹事遭拘禁的名人不在少数，我们应该引以为戒。

（四）酒中有诗

"无酒不成席"，很多人也认为"无酒不成诗"。自古以来文人墨客留下的文学作品，要么是借酒兴带来的灵感吟成千古名作，要么诗文中处处都有"酒"字。酒与诗文似乎是孪生兄弟，形影不离。兹列举几首大家耳熟能详的与"酒"有关的千古名作，让我们再一次感受酒中深厚的文化底蕴。

1. 李白

李白（701—762），字太白，号青莲居士。唐代浪漫主义诗人，被后人誉为"诗仙"。李白流传的诗文有千余篇，有《李太白集》传世。李白咏酒的诗篇极能表现他的个性，《将进酒》和《行路难》当属他咏酒的代表作。

将进酒

君不见黄河之水天上来，奔流到海不复回。
君不见高堂明镜悲白发，朝如青丝暮成雪。
人生得意须尽欢，莫使金樽空对月。
天生我材必有用，千金散尽还复来。
烹羊宰牛且为乐，会须一饮三百杯。
岑夫子，丹丘生，将进酒，杯莫停。
与君歌一曲，请君为我倾耳听。
钟鼓馔玉不足贵，但愿长醉不复醒。
古来圣贤皆寂寞，惟有饮者留其名。

陈王昔时宴平乐，斗酒十千恣欢谑。
主人何为言少钱，径须沽取对君酌。
五花马，千金裘，呼儿将出换美酒，与尔同销万古愁。

行路难

金樽清酒斗十千，玉盘珍羞直万钱。
停杯投箸不能食，拔剑四顾心茫然。
欲渡黄河冰塞川，将登太行雪满山。
闲来垂钓碧溪上，忽复乘舟梦日边。
行路难，行路难，多歧路，今安在？
长风破浪会有时，直挂云帆济沧海。

2. 杜甫

杜甫（712—770），字子美，自号少陵野老。世称杜工部、杜少陵等，唐代伟大的现实主义诗人。杜甫被世人尊为"诗圣"，其诗被称为"诗史"。

自京赴奉先县咏怀五百字

杜陵有布衣，老大意转拙。许身一何愚，窃比稷与契。
居然成濩落，白首甘契阔。盖棺事则已，此志常觊豁。
穷年忧黎元，叹息肠内热。取笑同学翁，浩歌弥激烈。
非无江海志，潇洒送日月。生逢尧舜君，不忍便永诀。
当今廊庙具，构厦岂云缺？葵藿倾太阳，物性固莫夺。
顾惟蝼蚁辈，但自求其穴。胡为慕大鲸，辄拟偃溟渤？
以兹误生理，独耻事干谒。兀兀遂至今，忍为尘埃没。
终愧巢与由，未能易其节。沉饮聊自遣，放歌破愁绝。
岁暮百草零，疾风高冈裂。天衢阴峥嵘，客子中夜发。
霜严衣带断，指直不得结。凌晨过骊山，御榻在嵽嵲。
蚩尤塞寒空，蹴踏崖谷滑。瑶池气郁律，羽林相摩戛。
君臣留欢娱，乐动殷胶葛。赐浴皆长缨，与宴非短褐。
彤庭所分帛，本自寒女出。鞭挞其夫家，聚敛贡城阙。

圣人筐篚恩，实欲邦国活。臣如忽至理，君岂弃此物？
多士盈朝廷，仁者宜战栗。况闻内金盘，尽在卫霍室。
中堂舞神仙，烟雾蒙玉质。煖客貂鼠裘，悲管逐清瑟。
劝客驼蹄羹，霜橙压香橘。朱门酒肉臭，路有冻死骨。
荣枯咫尺异，惆怅难再述。北辕就泾渭，官渡又改辙。
群冰从西下，极目高崒兀。疑是崆峒来，恐触天柱折。
河梁幸未坼，枝撑声窸窣。行李相攀援，川广不可越。
老妻寄异县，十口隔风雪。谁能久不顾？庶往共饥渴。
入门闻号啕，幼子饿已卒。吾宁舍一哀，里巷犹呜咽。
所愧为人父，无食致夭折。岂知秋禾登，贫窭有仓卒。
生常免租税，名不隶征伐。抚迹犹酸辛，平人固骚屑。
默思失业徒，因念远戍卒。忧端齐终南，澒洞不可掇。

其中，"穷年忧黎元，叹息肠内热""朱门酒肉臭，路有冻死骨"奠定了杜甫现实主义诗人的地位。

闻官军收河南河北

剑外忽传收蓟北，初闻涕泪满衣裳。
却看妻子愁何在，漫卷诗书喜欲狂。
白日放歌须纵酒，青春作伴好还乡。
即从巴峡穿巫峡，便下襄阳向洛阳。

3. 杜牧

杜牧（803—853），字牧之，号樊川居士。唐代杰出的诗人、散文家。因晚年居长安南樊川别墅，故后世称"杜樊川"，著有《樊川文集》。

清明

清明时节雨纷纷，路上行人欲断魂。
借问酒家何处有？牧童遥指杏花村。

4. 刘禹锡

刘禹锡（772—842），唐代文学家、哲学家，字梦得，晚年自号庐山人。

酬乐天扬州初逢席上见赠

巴山楚水凄凉地,二十三年弃置身。
怀旧空吟闻笛赋,到乡翻似烂柯人。
沉舟侧畔千帆过,病树前头万木春。
今日听君歌一曲,暂凭杯酒长精神。

5. 岑参

岑参(约715—770),唐代著名的边塞诗人。

白雪歌送武判官归京

北风卷地白草折,胡天八月即飞雪。
忽如一夜春风来,千树万树梨花开。
散入珠帘湿罗幕,狐裘不暖锦衾薄。
将军角弓不得控,都护铁衣冷难着。
瀚海阑干百丈冰,愁云惨淡万里凝。
中军置酒饮归客,胡琴琵琶与羌笛。
纷纷暮雪下辕门,风掣红旗冻不翻。
轮台东门送君去,去时雪满天山路。
山回路转不见君,雪上空留马行处。

6. 王翰

王翰(687—726),字子羽,唐代著名边塞诗人。

凉州词二首·其一

葡萄美酒夜光杯,欲饮琵琶马上催。
醉卧沙场君莫笑,古来征战几人回?

7. 苏轼

苏轼(1037—1101),字子瞻,号东坡居士,世称"苏东坡"。"唐宋八大家"之一。北宋文学家、书画家,豪放派词人的主要代表之一。

水调歌头·明月几时有

明月几时有，把酒问青天。
不知天上宫阙，今夕是何年。
我欲乘风归去，又恐琼楼玉宇，高处不胜寒。
起舞弄清影，何似在人间。
转朱阁，低绮户，照无眠。
不应有恨，何事长向别时圆。
人有悲欢离合，月有阴晴圆缺。
此事古难全。
但愿人长久，千里共婵娟。

8. 李清照

李清照（1084—约1151），字易安，号易安居士。宋代（南北宋之交）女词人，婉约词派代表，有"千古第一才女"之称。

声声慢·寻寻觅觅

寻寻觅觅，冷冷清清，凄凄惨惨戚戚。
乍暖还寒时候，最难将息。
三杯两盏淡酒，怎敌他、晓来风急。
雁过也，正伤心，却是旧时相识。
满地黄花堆积。
憔悴损，如今有谁堪摘。
守着窗儿，独自怎生得黑。
梧桐更兼细雨，到黄昏、点点滴滴。
这次第，怎一个愁字了得。

醉花阴·薄雾浓云愁永昼

薄雾浓云愁永昼，瑞脑消金兽。
佳节又重阳，玉枕纱厨，半夜凉初透。
东篱把酒黄昏后，有暗香盈袖。
莫道不消魂，帘卷西风，人似黄花瘦。

9. 柳永

柳永（？—约1053），北宋著名词人，婉约派创始人。婉约派最具代表性的人物之一。

雨霖铃·寒蝉凄切

寒蝉凄切。

对长亭晚，骤雨初歇。

都门帐饮无绪，留恋处、兰舟催发。

执手相看泪眼，竟无语凝噎。

念去去、千里烟波，暮霭沉沉楚天阔。

多情自古伤离别。

更那堪、冷落清秋节。

今宵酒醒何处，杨柳岸、晓风残月。

此去经年，应是良辰、好景虚设。

便纵有、千种风情，更与何人说。

10. 杨慎

杨慎（1488—1559），字用修，号升庵。明代文学家，明代三大才子之首。后因流放滇南，故自称博南山人、金马碧鸡老兵。

临江仙·滚滚长江东逝水

滚滚长江东逝水，浪花淘尽英雄。

是非成败转头空。

青山依旧在，几度夕阳红。

白发渔樵江渚上，惯看秋月春风。

一壶浊酒喜相逢。

古今多少事，都付笑谈中。

（五）趣味酒令

酒令，是一种有中国特色的酒文化，是中国民间风俗之一。据历史记载，最早的酒令是辅助"礼"的工具，后来才发展成为佐酒助兴、宾主尽欢的方法，甚至成了劝酒、赌酒、逼酒的手段。酒令作为酒席上一种助兴的游戏，一般是指席间推举一个人为令官，其他人听令后轮流说诗词、对对联、猜拳、猜谜或进行其他类似的游戏，违令者或答错者将被罚饮酒，所以又称"行令饮酒"。酒令看似用来罚酒，但行酒令最主要的目的是活跃饮酒时的气氛。有时参加酒宴的人互相不认识，局面有些尴尬，行酒令就像催化剂，能打破僵局，使酒席上的气氛很快活跃起来。

酒席上行酒令历史很久远，最早诞生于西周，到隋唐时已非常完备。开始时，可能是为了维持酒席上的秩序而设立"监"。汉代的"觞政"，就是在酒席上执行觞令，对不饮尽杯中酒的人进行某种处罚。在远古时代就有了"射礼"，即通过射箭决定胜负，负者饮酒。

春秋战国时期，饮酒风俗上已有了所谓"当筵歌诗""即席作歌"。还有一种被称为"投壶"的饮酒习俗，就是源于西周时期的"射礼"，即酒席上设一壶，宾客依次向壶内投箭，以投入壶内箭多者为胜，负者受罚饮酒。从射礼转化而成的投壶游戏，实际上已是一种酒令，可以视为酒令的雏形。

秦汉之间，在之前"射礼""投壶"的基础上，人们开始在席间联句，叫"即席唱和"。这种方式用的时间久了，内容越来越丰富，作为游戏的酒令也就产生了。唐宋时期的物质生活很充裕，精神生活也很丰富，唐诗宋词的繁荣就充分说明了这一点。这一时期老百姓的生活很安逸，游戏文化也得到了空前的繁荣与发展，酒令也得到了长足发展。白居易有诗云："花时同醉破春愁，醉折花枝当酒筹。"

酒令到了明清时则进入另一个高峰期，无论是内容还是形式都更加丰富多样，可谓五花八门、异彩纷呈。世间的一切事物，如人物、花鸟虫鱼、飞禽走兽、曲牌词牌、小说诗文、戏剧曲艺，甚至药材以及种种风俗、时令节气，都可以成为酒令的内容。所以也出现了有关酒令的专著，即清人俞敦培的《酒令丛钞》。该书将酒令分为古令、雅令、通令、筹令四类，编辑成四卷。现代人何权衡等编著的《古今酒令大观》，把酒令分为字词令、诗语令、花鸟鱼虫令、骰令、拳令、通令、筹令七类。麻国钧、麻淑云编著的《中国酒令大观》，则将酒令分为射覆猜拳令、口头文字令、骰子令、牌令、筹子令、杂令六类。酒令中较为复杂、知识含量较大的大多流行于文人雅士、读书人之间，所以又称为雅令，像对诗或对对联、猜字或猜谜等；而在民间流行的比较简单的酒令，则称为俗令，一般用一些既简单又无须作任何准备的行令方式。当然，这种区分并不是绝对的，酒令的形式和内容千变万化，可以沿用现成的，也可以即兴创造、自由发挥。

行酒令的方式可谓五花八门。最常见也最简单的是"同数"，也就是现在的"猜拳"，即用手中的若干个手指代表某个数，两人出手后相加必等于某数，出手的同时每人报一个数字，如果甲所说的数正好与加数之和相同，则算赢家，输者就得喝酒。如果两人说的数相同，则不计胜负，重新再来一次。

还有击鼓传花，这是一种既热闹又紧张的罚酒方式。在酒宴上，宾客依次坐定位置。由一人击鼓，击鼓的地方与传花的地方是分开的，而且击鼓之人必须背对传花之人，以示公正。开始击鼓时，花束依次传递；鼓声一落，花束落在谁的手中，谁就得被罚酒。所以，花束会传得很快，每个人都唯恐花束留在了自己手中而被罚，那个情形很有意思，花似乎成了"烫手的山芋"。击鼓的人也得讲技巧，节奏应有变化，有时快、有时慢，让传花之人捉摸不定，从而更加剧了场上的紧张程度。一旦鼓声停止，大家都会不约而同地将目光投向接花者，此时大家一哄而笑，紧张的气氛消散，接花者只好饮酒。如果花束正好落在两人手中，则两人可通过其他方式决定输赢。击鼓传花是一种老少皆宜的酒令，往往会让席间很热闹很欢快。

《红楼梦》中贾宝玉提出的行令方法是：要说"悲""愁""喜""乐"四字，而且都要含"女儿"二字，还要注明这四字的缘故。宝玉行的令是："女儿悲，青春已大守空阁；女儿愁，悔教夫婿觅封侯；女儿喜，对镜晨妆颜色美；女儿乐，秋千架上春衫薄。"

酒令是中国酒文化百花园中的一朵奇葩，它是劝酒行为的文明化、艺术化和智慧化，是古人好客的传统表现，更是他们饮酒艺术与聪明才智的结晶。我们掌握酒令的有关知识，并把它恰当地应用到饮酒活动中，可以调节宴席的气氛，增添乐趣和情趣，陶冶性情，丰富知识，增强智力，从而让饮酒的行为变得更文明、更高雅。

《红楼梦》中宝玉行令图

第二节　酒桌礼仪

案例导入

【案例1】这是笔者的学生玄君讲述的她高中毕业聚会时的故事。

"虽然这么多年过去了,但我们班男生毕业聚会时的尴尬事我现在都没忘。记得那时高考结束了,大家考取的学校也都尘埃落定:有去北大的,有去港大的,有去复旦的。同学们个个前程似锦,意气风发。为了庆祝我们高考的成功,纪念我们同窗的岁月,大家专门邀请来了给我们高三任课的所有老师,举行了一场盛大的毕业聚会。聚会上,女生不能喝酒;但是我们的男老师又多,离别的时刻,好像只有美酒才能寄托美好的祝愿与期盼。于是,我们文科班仅有的八个男生就担起了敬酒的重任,一杯接一杯下肚,大家的脸上都呈现出了微醺的颜色。进行到这里,老师也要与我们告别了。没想到老师离开之后,借着酒兴,男生并没有停下手中的酒杯,而是觥筹交错,喝得更凶了。或许是三年来被压抑得太久,或许是有人对自己的未来不甚满意,或许是高中对于他们来说还有未完成的心愿,还有失意……总之,宴会结束时,八个男生全都醉了,而且醉相千奇百怪:有不顾形象躺在地上放声大哭的,边哭边吐;有死死搂着女朋友,不让她动弹的;有强装正常说'我没醉',结果下一秒就跪在地上的;还有拿着酒瓶子想往头上砸，最后被我们制止的……我从没见过这么多奇怪的醉态。最后，这个聚会还是女生们去结了账，因为男生们全都喝得神志不清，走路都困难，更不用说与人交流结账了。于是，那天下午安排的集体旅行也夭折了，大家最终尴尬而散。"

好端端的一次聚会，就这么不欢而散了。

【案例2】小李是某公司的职员。平时他沉默寡言，默默工作，有时还会主动加班，帮同事分担工作，因此大家都很喜欢他。可是，在公司组织的一次冷餐会后，大家渐渐地开始远离他，不再喜欢他了。

小李觉得莫名其妙，于是鼓足勇气问了平时和他关系最好的小张到底发生了什么事儿。原来，小李在聚餐的时候喝得酩酊大醉，又乱讲话又骂人，还乱摔东西，酒品极差，在领导和同事面前出尽了丑。大家终于认清了他的真面目。小李听后觉得无地自容，追悔莫及。

"水酒千杯叙衷情"，以酒作为联络感情、增进友谊的媒介未尝不可，所谓"无酒不成席"。酒在宴会中能起到开胃助兴的作用，尤其跟相应的美味菜肴搭配后，两者相得益彰。从酒对人体健康的作用看，少饮有益，多饮有害。少饮可以畅通血脉，增进食欲，解除疲劳；多饮或暴饮，则会造成对人体不同程度的危害。所以，酒是一种有利有弊、关键在于自己节制的东西。正式的中餐宴会上，一般饮用白酒或葡萄酒，其中葡萄酒多用红葡萄酒，因为红色代表喜庆，其味道也较为甘甜。因此，餐桌上通常会摆放着大小不等的三种杯子，从左至右依次是白酒杯、葡萄酒杯和水杯。

在古时的酒宴上，主人向客人敬酒叫"酬"，客人回敬主人叫"酢"，敬酒时往往得说上几句祝酒词。客人之间也可相互敬酒，叫"旅酬"；依次向人敬酒，叫"行酒"。敬酒时，敬酒的人和被敬的人都要"避席"，也就是必须站立起来。

现在，在较为正式的场合，饮酒仍讲究一定的程式。在常见的饮酒程式中，斟酒、敬酒、干杯应用最多，下面分别予以简单说明。

一、斟酒礼仪

正式用餐之前，主人为表示对来宾的敬重和友好，一般会亲自斟酒（应注意当场启封酒瓶）。在为客人斟酒时，所斟酒量要适度。除白酒外，其他酒不必斟满。大家常说"满上，满上"，这个"满"可不是要满得溢出来，而是指满杯中的八成即可。为他人斟酒之前，要充分尊重对方的意愿。如果对方因信仰、习惯或身体等缘故不能喝酒，可为其提供饮料或茶水代替。不要非让对方喝酒，毕竟祝酒干杯，是需要两厢情愿的。

同一桌上所用的酒杯，大小要一致。

（一）斟酒有序

斟酒时，应从第一主宾位开始，按顺时针方向绕餐桌依次进行。如果在座的有年长者、长辈、远道而来的客人或职务较高的客人，则要先给他们斟酒。

（二）斟酒有仪

斟酒时，姿态要端正，站在客人身后右侧，常用右手拿酒瓶，身体与客人保持一定的距离。给每位客人斟酒时，应手持酒瓶将商标朝宾客先示意一下，如果客人有不喝的表示，则应换其他酒。同时，还要留神瓶内余酒的多少，瓶内余酒越少，出口速度越快，倒酒时容易冲出酒杯，所以要控制好酒瓶的倾斜度，保持稳定，避免溅出。

（三）斟酒有方

斟饮料、啤酒时，应该是八分满，且斟啤酒时泡沫不能溢出；白葡萄酒类，一般斟六至七分满；红葡萄酒类，一般斟五至六分满；白兰地、威士忌酒，一般斟二至三分满；香槟酒，斟六至七分满；白酒，斟七至八分满。

斟酒时，瓶口不可搭在酒杯上，间隔两厘米为宜，以免彼此碰击发出声响。

二、受酒礼仪

作为客人，当主人为你斟酒时，你应端起酒杯起身微微向前倾，以手扶杯或欲扶状，以示恭顺。有时，客人也可以向主人回敬以"叩指礼"，即以右手拇指、食指、中指捏在一起，指尖向下，轻叩几下桌面以示谢意。这种方法适用于中餐宴会上，它表示的是向对方致敬。主人给自己斟酒时不要左右躲藏，或敲击杯口，尤其不要当别人给斟满酒之后又倒入他人杯中，更不可趁人不注意时倒掉或假装喝下后再吐出；否则会让主人非常不悦，甚至瞧不起你，毕竟"酒品如人品"，可以无酒量，但不可无酒德。

客人实在不能喝酒时，可以礼貌地向主人说明原因。

三、敬酒礼仪

敬酒，也称祝酒。宴席间相互敬酒是必不可少的环节。饮酒之前，主人通常会说一段祝愿或祝福之类的话，以对来宾表示欢迎。祝酒词越精练越好，切忌长篇大论。如果是正式的祝酒词，应选择在宾客入席后和用餐前开始。

（一）敬酒有序

敬酒之前应充分考虑好敬酒的顺序，分清主次，应以年龄长幼、职位高低、宾主身份为先后顺序。如果是跟不熟悉的人在一起，最好事先打听对方的身份和称呼，避免出现尴尬的情况。如果实在无法排出所有人的身份顺序，则可从自己身边按顺时针方向开始敬酒，或是从左至右、从右至左进行敬酒。如果是好友聚会，就可以不用过于讲究了。

（二）敬酒有时

敬酒分为正式敬酒和普通敬酒，应该在特定的时间进行。正式的敬酒，一般是在宾主入席之后、用餐之前进行，一般都是主人来敬，同时还要说规范的祝酒词。而普通敬酒，只要是在正式敬酒之后就可以开始了。如果向同一个人敬酒，应该等身份比自己高的人敬过之后再敬。

在中餐里还有一个讲究，即主人亲自向客人敬酒后，客人应当回敬主人，与他再干一杯。回敬时，应右手持杯，左手托底，与对方一同将酒饮下。

（三）敬酒有度

餐桌上常见有些人敬酒很"执着"，端着酒杯站在被敬之人的身边，非要逼迫对方喝下去不可，甚至表示"这杯酒您要是不喝下去，我就不回座位了！"弄得被敬的人很为难，很尴尬。并不是每个人都喜欢喝酒，以喝酒为乐，也不是每个人都有酒量。即使某人平时有点儿酒量，也会有不想喝酒的时候。如果你敬酒时对方再三推辞，表示不想喝，或者今天身体有些不适不能喝，那就一定不要再勉强。让交往对象舒服随意，是对人最好的尊重。更何况真正嗜酒的人，即使你不主动去敬，他也会自斟自饮，见有人敬酒，他更是"如逢知己"。所以，敬酒要有"度"，这个"度"就是适度，就是尊重饮酒者的意愿。

（四）敬酒得体

正式敬酒是指宴会一开始的时候，主人先向大家集体敬酒，面朝被敬之人，右手端持酒杯，或以左手托扶杯底，面带微笑，眼神柔和，并致以简短的祝福。

当主人向集体敬酒、说祝酒词的时候，所有人应该一律停止用餐或喝酒。主人提议干杯的时候，所有人都要端起酒杯站起来，互相碰一碰，口说"干杯"之后将酒一饮而尽，或饮去一半，或饮适当的量。但即使平时滴酒不沾的人，也要拿起酒杯放到嘴边抿上一口，以示对主人的尊重。

敬酒时，如果与被敬之人距离较远，可以用酒杯轻磕桌面，表示相互碰杯；但如果是向长辈或职位高的人敬酒，则应端杯走到他跟前敬酒。

敬酒时还要注意将自己的酒杯低于别人的酒杯，这是一个基本的礼仪。但敬酒时常常会碰到这样的情形：你知道向别人敬酒时杯子应低于对方的杯子，可对方也将杯子低于你的杯子，于是两人不停地谦让，以至于几乎要低到桌子底下去了。这该怎么办？其实有一个很好的办法：你向别人敬酒时，右手端杯，左手可去托对方的杯底，使对方的杯子没法下沉，保证被敬之人的杯子高于你的杯子，碰杯之后再一饮而尽，先干为敬。

四、干杯礼仪

干杯，是指饮酒时，特别是在祝酒、敬酒时，以某种方式劝说他人饮酒，或是建议对方与自己同时饮酒。干杯时往往要喝干杯中之酒，故称"干杯"。干杯前，可端起酒杯相互示意干杯，而不用杯子相碰。但有的时候，干杯者相互之间还要碰一下酒杯，所以干杯又常被称作碰杯。

干杯，需要有人率先提议。提议干杯者，可以是致祝酒词的主人、主宾，也可以是其他任何在场的饮酒之人。提议干杯时，应起身站立，右手端酒杯，或者用右手拿起酒杯后，再以左手托扶杯底，面带微笑，目视他人，尤其是自己祝福的对象，还应口颂祝福之词，如：祝对方身体健康、生活幸福、节日快乐、生日快乐、工作顺利、事业成功、财源广进以及双方合作成功，等等。既然是"干杯"，就最好饮尽杯中之酒。所以，如果知道自己酒量不大，而宴席上第一杯往往得"干杯"，那么一开始就得请斟酒者"手下留情"，少斟一点儿。

有时干杯时，可稍微象征性地与对方碰一下酒杯。碰杯时，不要用力过猛，非听到响声不可。与对方相距较远时，可用"过桥"的方法作为变通，即以手中的酒杯轻碰桌面，这样做也等于与对方碰杯了。不过，这一方式只是在中餐餐桌上使用，西餐是没有这种做法的。

五、饮酒适度

不管是在哪一种场合饮酒，都要有自知之明，并要好自为之，努力保持风度，做到"饮酒不醉为君子"。

（一）饮酒限量

任何时候饮酒都不要争强好胜，故作潇洒，非要"一醉方休"不可。饮酒过多，不仅易伤身体，而且容易出丑丢人、惹是生非。我国的古语里，早就有"酒是伤人物""酒乃色媒人"之说，饮酒时勿忘以之自警。不仅高兴时需要如此，心情不佳时更需要如此，万万不可借酒浇愁，"借酒浇愁愁更愁"。至于存心酗酒，则是更不应有的自残行为。

在饮酒之前，应根据以往的经验，对自己的酒量做到心中有数。不管碰上何种情况，都不能超过自己的酒量。在正式的酒宴上，尤其要将饮酒限制在自己平日酒量的一半以下，以免喝到兴奋时口无遮拦、失态误事。

（二）依礼拒酒

假如因为生活习惯或健康等原因而不能饮酒，可以用合乎礼仪的方法，拒绝他人的劝酒。首先，要申明不能饮酒的客观原因，希望他人谅解；其次，要主动以其他饮料代酒，以便大家一起举杯时，你也可以举杯助兴；再次，可以委托亲友、部下或晚辈代为饮酒；第四，执意不饮杯中之酒，尤其面对一些敬酒太过"执着"的人。当然，前两种拒酒的做法最为礼貌，后两种做法是不得已而为之。

不要在他人为你斟酒时又躲又藏，乱推酒瓶，敲击杯口，倒扣酒杯，甚至偷偷倒掉。把自己的酒倒入别人的杯中，尤其是把自己喝了一点的酒倒入别人的杯中，也是不礼貌的行为。

（三）移风易俗

饮酒时，不要忘记律己敬人之规，尤其要摒弃下列害人损己的陋习恶俗。

第一，不要酗酒。有的人饮酒成瘾，嗜酒如命。看到桌上没有酒便要酒喝，喝完一瓶还要第二瓶，别人已没有喝的兴趣了你却还嚷嚷着要喝，这不仅有损身体健康，也有损个人形象，给人留下"酒鬼"的形象，甚至会破坏整个聚餐的氛围，下次朋友们再聚会时就可能不再叫你了。

第二，不要酒疯。有些人饮酒时经常"酒不醉人人自醉"，酒后无德，言行失控。酒能麻醉人的神经，使人思维紊乱；使其一部分神经亢奋，言语行为失控。如果借酒发疯，胡言乱语，说一些平时难以出口又不该说的话，做一些丑态百出的事，往往会让你酒醒之后追悔莫及，甚至铸成大错。近些年，因为醉酒驾车、酒后乱言而造成恶果的案例不在少数。

第三，不要灌酒。祝酒干杯，一定要两厢情愿，千万不要强行劝酒。看到某人酒杯空了，可以有礼貌地先询问："请再喝一杯？"如果对方用手遮掩杯口并说明不想喝了，则不必勉强。"舍命陪君子"是饮酒者的不自量力，而绝不是礼貌的行为。劝酒不成而生气是劝酒者的无礼，劝酒不成而恼羞成怒是令人莫名其妙、失德又荒唐的行为。

第四，不要划拳。有人饮酒时喜欢猜拳行令，大吵大闹，哗众取宠。特别是在公共场合，划拳行令往往令周围的用餐者非常反感，有的甚至产生矛盾，引起纠纷，拳脚相向。家庭私人酒会一般也不宜划拳，如有特殊需要，也应注意不要干扰邻居，不违背主人意愿，聊以助兴即可，千万不要将猜拳行令作为强行灌酒的手段。即使酒量过人，若无德、无才、无礼，亦不过酒囊饭袋而已。

一定要遵循"喝酒不开车，开车不喝酒"的原则。

💬 延伸阅读

［1］李思圆. 生活需要仪式感［M］. 济南：山东文艺出版社，2018.

下面是一首关于"酒"的诗。整首诗没有一个"酒"字，但把酒描写得出神入化，很有意思，可见酒对人们生活的影响。

第四章 饮酒礼仪

液体之火

作者：江河

让你

若梦若醒

飘飘欲仙

让天地颠倒

让世界旋转

把人类历史

浇灌得跌宕起伏

将琴棋书画

熏染得色彩斑斓

醉了刘伶

狂了诗仙

张扬了曹孟德

书写了鸿门宴

湿了清明杏花雨

瘦了海棠李易安

景阳冈上

助武松三拳毙虎

浔阳楼头

纵宋江题诗造反

你啊你

成全了多少英雄豪杰

放倒了多少村夫莽汉

歌舞与你相佐

美色与你为伴

催诗情万丈

壮文人斗胆

有人借你发疯

有人借你夺权

有时你只是一个道具

烘托一下谈判桌上的氛围

有时你更像一种暗器

把贪杯的对手麻翻

你呀你
既入朱门豪宅
又进村舍陋院
既流溢皇室的金樽
又盛满农家的粗碗
愁也要你
喜也要你
洞房花烛夜
他乡遇故知
金榜题名时
迁徙流放的囚犯
落魄的文人骚客
得志的朝廷大员
都是你的知己
你的伙伴
甚至
即将上路的死囚
都要你为之饯别
因为你
耽误了多少大事
因为你
弄出了多少冤案
因为你
鲜活了多少逸事趣闻
因为你
催生了多少佳作名篇
更因为你
造就了多少人的肝癌
而魂归天堂
真的是
成也有你
败也有你
生也有你
死也有你

你这浇愁愁更愁的琼浆啊

穷也有你

富也有你

千家万户还都离不开你。

📺 视频链接

中央电视台 10 频道《百家讲坛》之《金正昆谈礼仪：酒水礼仪》。http://tv.cntv.cn/video/VSET10/1cf17396e8394dfd9bc831f66e7bba0b。

第五章 茶道礼仪

茶源于中国,在被人类利用数千年的历程中,香传海内外,已从中国独享演变成世界公认的健康饮品,在全世界饮用的广泛度仅次于水,并与人们生活的方方面面建立了千丝万缕的联系,在此过程中形成了相应的待客之道与茶礼仪。但由于各地的地理环境不同,历史文化各异,因而形成了各具特色、异彩纷呈的中外茶俗茶礼。

饮茶有益于身心,以茶为礼更能提升人的优雅气质和文化修养。行走在世界各地,手持一杯茶,就能感受着人间的友爱,就能品味到一个国家、一个民族的精神信仰。

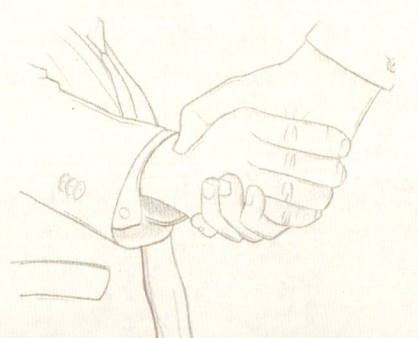

第一节 茶道礼仪概述

📋 案例导入

又到周末了，李颖关了电脑，准备参加朋友举办的春茶品鉴会。这可是第一次参加正式的茶会，在茶会上该如何做才能不失礼，喝茶时要注重哪些礼节呢？平常看到茶艺师们泡茶时，一招一式都很优雅，而给客人奉茶时，客人总会用手指在桌上点几下，这其中到底有什么讲究……

客来敬茶，历来是具有五千年文明史的礼仪之邦中国最普及、最具平民性的日常生活礼仪。据《华阳国志》的记载，周武王伐纣后，巴蜀等西南小国曾以茶叶作为贡品；至三国两晋时，孙皓"以茶代酒"、陆纳"以茶待客"，其间，茶就已呈现出礼仪的意味；发展至唐代，茶圣陆羽撰《茶经》，对参与茶事活动的人，烹茶所用的器、水、火，以及烹煮的过程，品饮的讲究，进行了全面的规范，终于让茶礼仪有了执行标准，也由此使茶为礼有规可循，有矩可依。随着饮茶风俗逐渐深入到人们日常生活中的待客、宫廷、婚嫁、祭祀等领域，人生"生、冠（成年礼）、婚、丧"四大礼仪上，茶也担当了重任。在"礼"文化的渗透和主导下，使得有限的口腹之欲寓有超乎具体物质享受以外的精神内涵，拓展了饮茶活动的社会价值和功能，饮茶礼仪也渗透到了中华大地各阶层、各民族的各个生活领域，成为全社会的一种风俗行为，由此衍生出多姿多彩的内容，这是中华茶文化与世界各国相区别的最重要的特色。

一、茶道礼仪的功能

茶道礼仪，是指在茶事活动中形成的，并得到共同认可的一种礼节、礼貌和仪式。它是对茶事活动中所形成的一定的礼仪关系的概括和反映。茶道礼仪以茶为媒，既有满足口腹之欲的实用功能，更具备以下意义深远的文化功效。

（一）塑造良好的"茶人"形象

在人际交往中，人们总是以一定的仪表、服饰、言谈、举止来表现某种行为，这是影响人们第一印象的主要因素。整洁大方的个人仪表，得体的言谈，高雅的举止，良好的气质和风度，必定会给对方留下深刻而美好的印象，从而有利于建立信任和友谊关系，达到以茶会友的目的。因此，良好的礼仪能帮助人们规范彼此的行为，更好地向对方表达自己的尊重、敬佩、友好与善意，增进彼此的了解与信任，树立良好的"茶人"形象。

（二）提升"茶人"的素养

在社交场合，人们按礼仪要求进行交往，有助于相互间达成共识。茶道礼仪作为以茶为媒介的社交活动中一种共同遵守的行为规范，发挥着对人际关系的融合和疏导功能，如讲究仪容仪表、尊老爱幼等；还制约着人们按照约定俗成的行为模式或品茶交流，或以茶会友，形成和谐统一的人际关系。在此过程中，礼仪潜移默化地涵养着人们的心灵，使人们在日常生活中时刻注意自己的言行，养成彬彬有礼的良好习惯。从这个意义上讲，礼仪即教养，礼仪有助于提升个人的修养，真正提高文明程度。而自身道德修养的提高，有利于形成良好的社会秩序和社会风气，从而促进社会文明的发展。

（三）弘扬优秀传统文化

茶道礼仪中饱含着中华民族的优秀精神，如中庸平和、尊老爱幼、谦逊俭朴。通过践行茶道礼仪，可以使国人了解和把握中华民族优秀的礼仪文化传统，增强民族自尊、自信、自强的精神，巩固和发展平等、团结、友爱、互助的和谐社会关系。随着中国与世界各国的广泛交流，茶作为和平、文明的使者，常常成为国际交往中的良好载体。在对外交往中，一杯清茶可表达和平友好、无限敬意，同时展示中华民族的精神风貌，增进与世界各国人民的友谊与交流，提高我国的国际地位与威望。

尊重国际礼仪和交际礼节，尊重各国人民的风俗习惯，是我国对外活动的一贯作风。我们在涉外交往中，既要传承和发扬我国优良的礼仪传统，保持民族特色的礼仪，又要吸收外国礼仪中一些好的东西和国际通用惯例，洋为中用，融会贯通，逐步形成与世界礼俗接轨的现代茶道礼仪。通过茶道礼仪沟通人际，让茶文化成为中国更好地了解世界、世界更好地了解中国的窗口。

二、茶道礼仪的特征

在中国茶文化哲学体系中,"和谐"是茶文化的核心思想,"礼仪"是茶文化的基石,"尚美"是茶文化的精华,"俭德"是茶文化的情操。正是由于茶礼仪的存在,才使得茶文化如此鲜活多彩。茶礼仪除具有所有礼仪的共性之外,由于其脱胎于中国传统文化,融入了儒、释、道等思想精华,因此还具有自己的个性,尤以"敬、净、静、雅"独具特色,充分彰显华夏礼仪风采。

(一)敬

敬,是礼的核心。《孝经》说:"礼者,敬而已矣。"礼,无非就是为了表达敬意。人与人互相尊重,才能形成和谐的关系。这种尊重需要通过语言、肢体动作表达出来,让对方感受到,这种友好的互动方式就是礼。《礼记·曲礼上》:"夫礼者,自卑而尊人",《左传·襄公十三年》:"君子曰:让,礼之主也。"都表达了同样的意思,即以礼相待就是以恭敬谦让的方式与人交往,这样人与人之间才能和平共处、互敬友爱。

礼仪有两个要素:一是形式,即表达敬意的方式;二是表达敬意的内核。没有形式,内涵就无法表达;而如果没有内核,形式就成了没有生命的装饰。所以两者都不可或缺。以茶敬客之所以能成为华夏民族最普遍的礼仪,正是基于"奉茶——请茶——承杯——致谢"这种形式简单而不失敬意的良好互动过程。

茶事活动中,礼的表达"心诚则灵",如果过于随意、散漫,心不敬、意不诚,则必然难以达到预想的效果。

(二)净

首先是因"茶性俭"。净是茶事活动中的基本要求,家里来了客人,茶器、酒器都要事先清洗干净。给客人沏茶时,还要当面再洁杯净具,以示郑重。人们去见尊贵的客人,往往都要事先沐浴更衣。其次,"净"表达敬重和诚挚的情感。历史上,王公贵族在举行重大庆典或祭祀活动时都要斋戒、沐浴,以示敬重。唐代政令还明文规定,官员每10天都要沐浴一次。再次,"净"意味着茶道是一项追求清纯、洁净的事业,必须以敬重、认真、诚恳的态度去实践。饮茶者清,事茶者洁。清即清洁,有时也指整齐,是文人雅士所推崇的修养要素。

同样以"净"为美,中国茶道崇尚"洁净"的意境,日本茶道则追求"清净"的心境。因此,在被称为"露地"的茶庭里,茶人们要随时泼洒清水;在迎接贵客之前,茶人们要用抹布擦净茶庭里的树叶和石头;茶室里不用说是一尘不染的,就连烧水用的炭都被提前一天洗去了浮尘。茶品要干净,茶器要干净,饮茶环境要干净,不仅室内,就是庭外也要打扫得很干净。茶道研习者就是这样通过一丝不苟地去除身外的污浊来达到内心的清净,这是茶道礼仪的基本要求。

(三)静

安静有助于自省,噪声有碍健康。宋人赵佶在《大观茶论》中说,茶"祛襟涤滞,致清导和","冲淡闲洁,韵高致静"。"清静",由清而静,正是茶人净化心灵的方式。朱权《茶谱》又记:"或会于泉石之间,或处于松竹之下,或对皓月清风,或坐明窗静牖,乃与客清谈款话,探虚玄而参造化,清心神而出尘表……主起,举瓯奉客曰:'为君以泻清臆。'客起接,举瓯曰:'非此不足以破孤闷。'乃复坐。饮毕。童子接瓯而退。话久情长,礼陈再三,遂出琴棋。"由此可知,茶饮具有清新、雅逸、幽静的特性,茶能洗净尘心,能致清导和。在茶礼仪中,为表达敬意,沏茶时从洗杯到烫壶、冲茶、斟茶,一道道程序需要主人平心静气,气定神闲,以让客人达到舒心惬意,亦能体现主人的修养。人们常说"茶须静品""静能生慧",在茶馆中,保持环境安静既是一种礼貌修养,也是体悟茶道的基本要求。

(四)雅

在汉语中,"文明"与"文雅"可以说就是一个词。文明人一定举止有度,进退从容,谈吐文雅,即《论语》中所谓"文质彬彬"。在中国历代有关礼的文献表述中,雅是以"礼"为衡量标准的。合乎礼是名为雅;情趣高尚、超凡脱俗、意趣深远,都是"雅";富贵不矜、贫贱不卑,出淤泥而不染,谓高雅。在茶礼仪中,雅既是行为举止要求,也是语言表达要求。

三、茶道常用礼节

中国人以茶相交,以茶敬客,由来已久。人们在长期的茶事活动中,逐渐形成了对人、对茶品、对茶器等表示尊重、敬意和友善的行为规范与惯用形式，这就是茶事活动中的基本礼仪礼节。礼仪贯穿于整个茶事活动中，通过恭敬的言语和动作等礼节将内心的精神、思想等体现出来。

（一）握手礼

握手礼是一切场合中最常用、适用范围最广的礼节。握手礼表示敬意、亲近、友好、寒暄、道别、感谢等多种含义，是各国较普遍的社交礼节。在茶室迎接客人或是与客人离别时，常用到握手礼。其原则与公务礼仪中的一致。

（二）鞠躬礼

鞠躬是中国的传统礼仪，即弯腰行礼。茶事活动在开始和结束时，均要行鞠躬礼。鞠躬礼从行礼姿势上分站式、坐式和跪式三种，且根据鞠躬的弯腰程度可分为真礼、行礼、草礼三种。

1. 站式鞠躬礼

真礼

左脚向前，右脚跟上，右手握左手，四指合拢置于腹前，或双臂自然下垂，手指自然并拢，双手呈"八"字形轻扶于双腿上，缓缓弯腰。动作轻松，自然柔和。起身时速度和俯身速度一致，目视脚尖，缓缓直起，面带笑容。

站式鞠躬礼——真礼。行礼时，将双手沿大腿前移至膝盖，腰部顺势前倾，低头弯腰90°。

站式鞠躬礼——行礼。低头弯腰45°。

站式鞠躬礼——草礼。略欠身即可，低头弯腰小于45°。

2. 坐式鞠躬礼

以坐姿为基础，头身向前倾，双臂自然弯曲，手指自然合拢，双手掌心向下，自然平放于双膝上或双手呈"八"字形轻放于双腿中后部位置；起身时目视双膝，缓缓直起，面带笑容。俯身和起身时速度、动作要求同站式鞠躬礼。

坐式鞠躬礼——真礼。行礼时，双手平扶膝盖，腰部顺势前倾约45°。

坐式鞠躬礼——行礼。头向前倾30°，双手呈"八"字形放在大腿中部位置。

坐式鞠躬礼——草礼。头向前略倾即可，双手呈"八"字形放在大腿后部位置。

3. 跪式鞠躬礼

在跪姿的基础上，头身向前倾，双臂自然下垂，手指自然合拢，双手掌心向下，双手呈"八"字形，或掌心向下，或掌心向内，或平扶，或垂直放在地面双膝的位置；起身时目视手尖，缓缓直起，面带笑容。俯身和起身时速度、动作要求同坐式鞠躬礼。

跪式鞠躬礼——真礼。行礼时，掌心向下，双手触地于双膝前位置，头向前倾约45°。

跪式鞠躬礼——行礼。头向前倾30°，掌心向下，双手触地于双膝前位置。

跪式鞠躬礼——草礼。头向前略倾即可，掌心向内，双手指尖触地于双膝前位置。

（三）伸掌礼

这是茶事活动中用得最多的特殊礼节，表示"请"和"谢谢"之意，主客双方均可采用。如当主泡需请助泡协同配合时，或请客人帮助传递茶杯或其他物品时都简用此礼。当两人相对时，可伸右手掌；若侧对时，在右侧方伸右掌，在左侧方伸左掌。伸掌姿势应是：五指并拢，手掌略向内凹，手心向上，左手或右手从胸前自然向左或向右伸出，侧斜之掌伸于敬奉的物品旁，同时欠身点头微笑，一气呵成。

（四）叩手礼

叩手礼即用食指和中指轻叩桌面，以致谢意。相传，清代乾隆皇帝到江南微服私访。一天，他来到一家茶馆，茶馆伙计先端上茶碗，随即退后，离桌几步远，拿起大铜壶朝碗里冲茶。只见茶水犹如一条白练从空而降，不偏不倚、不溅不洒地冲进碗里。乾隆好奇，忍不住走上前，从伙计手里拿过大铜壶，学着伙计的样子，向其余的茶碗里冲茶。随从见皇上为自己冲茶，诚惶诚恐，想跪下谢主隆恩，又怕暴露了皇帝的身份，情急之下急中生智，忙将右手中指与食指并拢，指关节弯曲，在桌面上作跪拜状轻轻叩击，以代"三叩九拜"之礼。以后，这一"以手代叩"的礼节便在民间广为流传。至今在不少地区的习俗中，长辈或上级给晚辈或下级斟茶时，晚辈或下级必须用两个或两个以上手指跪拜状轻轻叩击桌面二三下；晚辈或下级为长辈或上级斟茶时，长辈或上级只需用单指叩击桌面二三下表示谢意。

（五）注目礼和点头礼

注目礼是用眼睛庄重而专注地看着对方；点头礼即点头示意。这两个礼节是在向客人敬茶或奉上某物品时使用。另外，表演时与观众的目光交流和点头示意也是一种礼节。

端坐礼

（六）端坐礼

表演过程中，要求双腿并拢，头肩身始终保持端正平直，不能歪斜松弛，身体可以稍稍侧身立坐，以示尊敬。无动作时应双手交叉，放在腹部右侧或操作台上。

（七）举案齐眉礼

在奉茶时要求用双手捧杯，诚挚地敬上香茗。如果奉的是工夫茶，还须以举案齐眉的方式，即将盛放品茗杯（或品茗杯与闻香杯一起）的茶托举到齐眉的位置，以示对客人的尊敬、对茶的尊敬和对自然的尊敬。

（八）应答礼

在茶事活动中，与茶人之间进行交流时，要亲切大方得体，不沉默、不抢先，敬字当头，注意礼节。对方行礼表示敬意时，你一定要表示答谢，表现出一种高尚的茶道精神修养。具体方法可根据实际情况，采取点头礼、叩手礼等形式来应答。

（九）寓意礼

在茶事活动中，自古以来在民间逐步形成的一些具有美好祝福含义的礼仪动作带有寓意的礼节。一般不用语言，宾主双方即可进行沟通。

例如最常见的是冲泡时的"凤凰三点头"，即手提水壶高冲低斟反复三次，寓意是向客人三鞠躬以示欢迎。放置茶壶时，壶嘴不能正对客人，否则表示请客人离开；回转斟水、斟茶、烫壶等动作，右手必须逆时针方向回转，左手则以顺时针方向回转，表示招手"来！来！来！"的意思。欢迎客人来观看，若相反方向操作，则表示挥手"去！去！去！"的意思。另外，有时请客人点茶，有"主随客愿"之敬意。

第二节　茶学专业基础

案例导入

小舒是"至诚"公司的总经理助理。一天，总经理通知小舒，有一位重要客户下午将到公司进行洽谈，并将一款上好的明前茶取出交给小舒，用来招待贵宾。下午，客人如期而至，小舒按照总经理的指示将原料细嫩、色泽翠绿的茶叶冲泡好，敬奉给客人饮用。但客人拿到茶后，不无惋惜地说道："这么细嫩的绿茶，怎么能用滚烫的开水直接冲泡呢？"小舒顿觉十分尴尬，不知如何是好。这时，总经理连忙走过来，亲自为客人重新泡了一杯茶。果然，总经理冲泡的茶香气清幽，色泽也青绿可爱，仿佛将春天都装进了杯中，客人品尝后也是赞不绝口，与之前小舒冲泡的那杯茶简直是天壤之别。事后，虽然总经理并未责怪小舒，但她心里很不是滋味，没想到泡一杯简单的茶还有这么多学问……

"到我家喝杯茶吧。"一句质朴简单的寒暄，比起"吃饭了没？"

似乎更多了一层温暖与真诚的意味。当今社会，无论是商业洽谈，亦或是亲友聚会，茶都是表达敬意、传递祝福的最佳媒介；因此，了解一些茶的知识也成了人们必备的生活常识。下面介绍茶的一些基础知识，包括茶叶的选购、贮藏，不同茶的冲泡方法，茶器的选配，茶席的布置等，以便让大家真正做到"敬茶有礼"，知礼方有敬，有敬致和乐。

一、茶叶选购

在待客时，选择恰当的茶品十分重要。中国地大物博，各地的风土人情差异颇大，因此在选购茶叶时，应根据居住地的环境、气候、条件来选择适合的茶类，要符合当地的饮茶习俗与礼节。想要买到物美价廉、品质优良的茶叶，需要掌握一定的技巧。总的来说，茶叶的品质可以通过其色、香、味、形来判断。我们可以从"看、闻、摸、品"四个方面来鉴别，即：看干茶，闻香气，品茶汤，看叶底。

（一）看干茶

在中国，喝茶很讲究看茶叶的外形。比如品饮绿茶时，中国人喜欢欣赏其在杯中上下浮沉的姿态，以及"江南春色一杯中"的动人色泽。我们在为贵客泡茶时，首先应选用品相上佳、色泽鲜活的茶品。如果随意取用，客人看见茶叶品质欠佳，难免心中不快，而主人也有失礼之嫌。

在挑选茶叶时，首先要根据干茶的色泽、香气、形态等对其品质作出一个基本判断。中国茶按加工工艺的不同分为六大类：绿茶、黄茶、红茶、白茶、青茶（乌龙茶）、黑茶。各类茶又因鲜叶原料等级、造型方式等，细分为诸多不同的品类。但是，只要掌握一些技巧，就能买到最适合自己的茶叶。

看干茶时，应从形态、嫩度、色泽、净度、整碎等方面入手。

1. 形态

条索是干茶所具有的、一定的外形规格。我国茶品丰富，在外形上也是千姿百态、各有所长。因此，看干茶形态，最重要的是观察该茶是否表现出其所属形态的基本特征，如：卷曲形绿茶碧螺春、针形茶安化松针、扁形茶西湖龙井、珠形茶涌溪火青，等等。

一般来说，直条形茶，看其松紧、曲直、壮瘦、圆扁、轻重；珠形茶，看颗粒的松紧、匀正、空实、轻重等；扁形茶，看其外表的平整光滑程度；针形茶，看其是否细紧挺直、锋苗显露且完整；卷曲形茶，看其卷曲紧结。总之，干茶的条索或颗粒以紧结重实、圆（扁形茶除外）而挺直，有锋苗为上；如果外形松、扁（扁形茶除外）、碎、身骨轻飘，则说明原料或做工欠佳。

紧压茶外形相对独特，首先要看包装，检查其包装材料是否有异味，是否紧实、牢固、端正，大小是否贴合，字迹是否清晰等。再看砖体/饼体，从匀整度、松紧度、净度、嫩度等方面来观察，看形态是否端正，茶体应松紧适度、表面光洁，棱角清晰，边缘无断面、脱落、翘边等。若印有字体图案的，则看是否清晰明了、位置端正。一般来说，普洱茶、紧压白茶的茶饼背后有一个半球形凹陷，称为"臼"，应处于饼背的中心，不偏歪，无起层落面、掉边，具"泥鳅"边。

2. 嫩度

茶叶的好坏很大程度上都取决于制茶的鲜叶。若鲜叶原料采摘规范，品种均一、等级一致，并且制茶的工艺技术优良，都会直接反映在干茶的外形上。一般来说，嫩度好的茶叶更易于加工，符合该茶类的外形要求（如龙井之"光、扁、平、直"）；但因各种茶的具体制作工艺和要求不一样，不能仅从茸毛的多少来判别嫩度，例如极好的狮峰龙井是体表无茸毛的。值得一提的是，不应该过度地追求茶叶的细嫩度，鲜叶长至一芽一叶初展时，内含成分才足够丰富且全面，比例恰当。

3. 色泽

不同类别的茶均有一定的色泽要求，如：绿茶翠绿鲜活、红茶乌黑油润、乌龙茶青褐色、白茶银白胜雪、黄茶金黄光亮、黑茶黑褐光泽等。但是无论哪类茶，对好茶均有相似的要求——色泽均匀一致，光泽明亮，油润鲜活。

茶叶色泽与茶树的品种、产地、季节等也有很大关系。许多特异性品种（如：云南紫鹃茶、安吉白茶等）的鲜叶色泽都具有独特性。不同产地的茶叶，由于气候、昼夜温差、光照条件等的差异，其色泽也会表现出不同的特征，如：高山绿茶色泽翠绿而略带黄，鲜活明亮；而低山茶或平地茶色泽深绿有光。在制茶过程中，不同工艺也往往使茶叶色泽产生不同的变化,如:炒青绿茶比起蒸青绿茶色泽偏深;乌龙茶中各品类如铁观音、武夷岩茶,其外形色泽相差很大。在购茶时,应根据具体购买的茶类进行判断,切忌片面、武断。

4. 净度

主要是看茶叶中是否混有夹杂物。夹杂物又分为茶类夹杂物(如:茶片、茶梗、茶末、茶籽等),以及制作过程中混入的非茶类夹杂物(如:竹屑、木片、石灰、泥沙等)。净度好的茶,不应含有任何夹杂物。

5. 整碎

整碎即茶叶的断碎程度,以匀整为好,断碎为次。

(二)闻香气

闻香气包括闻干香和闻湿香两部分,具体来讲,是指闻干茶香和冲泡后舒展的叶底香气。

通过嗅闻茶叶干香,也可以鉴别茶的净度。无论哪种茶,都不能有异味、霉味。每种茶都有特定的香气。一般而言,粗青气、烟焦味、糊味和熟闷味等不好的气味均不可取;但正山小种中的烟小种、湖南安化的天尖茶等,由于特殊的工艺会带有独特而愉悦的松烟香,区别于烟熏味,在购买时需根据具体情况进行定夺。

而闻湿茶香,是判断茶叶品质优劣的重要途径,分为热闻、温闻和冷闻。

热闻,是指在出汤后立即嗅闻茶香,此时可以辨别香气是否纯正,是否有异味、杂味、霉味等不良气味。闻香时,首先应调整呼吸,在呼出一口气后,将茶杯或盖碗凑近鼻端,轻轻掀开一个小口,深嗅茶香,然后迅速盖好杯盖,以免茶香逸散,且不能对着杯中茶呼气,以免影响判断。热闻时要注意技巧,以免蒸汽烫伤。

温闻,是指当茶杯内温度降至45℃左右时嗅闻茶香,此时可以辨别茶的香型,鉴别香气的浓度,如:绿茶可能有清香、兰花香、甜玉米香、炒豆香、栗香等;红茶有甜香、花香、果香、红薯香等;青茶有蜜兰香、姜香、蜜桃香、杏仁香、熟香等;白茶有毫香、清香等;黄茶有豆香、玉米香、花果香等;黑茶有陈香、枣香、桑香等。

冷闻,是指当茶的温度完全降低后嗅闻茶香,可以检验茶香的持久度。好的茶叶,其香应持久、悠长。

（三）品茶汤

想要选到真正适合自己的茶，只有通过亲自品尝茶汤的滋味，方能找到自己喜欢的茶类及风味。因此，选择茶是一个不断尝试、不断认知的过程。在这个过程中，不仅可以提升对茶叶的认知和了解，也会在学习中逐渐认识自己、品味生活、感知人生。俗话说，"不苦不涩不是茶"。而这入口苦涩的茶，却能生津回甘，解除烦闷，为生活增添雅趣。

上好的绿茶，以清汤绿叶为品质特征，其滋味应鲜爽浓醇，品尝起来似乎无味，咽下后却口舌生津、回味甘甜。若偏爱较为浓厚的口感，可选择一芽二三叶原料所制的绿茶。红茶滋味以浓厚甘醇者为佳；乌龙茶滋味应醇厚甘洌，香气醇正高长；白茶滋味清甜鲜爽，毫香明显，不应有青涩味；黄茶滋味甘醇鲜爽，香气清雅；黑茶滋味浓醇爽滑，陈香明显，不应有粗老味。

在品茶汤时，能让口腔有饱满、充足的味觉和香气体验为好，入口略有苦味，但应该很快就化开，并有回甘。如果苦而不化、涩而麻舌，或者让舌面、喉咙发干等，均是不好的现象。

除了品尝茶汤的滋味外，汤色也能作为评判茶叶品质好坏的标准。无论何种颜色的茶汤，都以晶莹透亮为好，不应出现浑浊、沉淀。

（四）看叶底

一般将沸水泡过的茶叶称为叶底。从叶底的状态，可以看出鲜叶原料采制工艺和加工过程的情况，与干茶外形对照检验。看叶底，主要看净度、嫩度、柔软度、完整度、均匀度等方面，以细嫩、柔软、匀齐、芽叶完整、无异物、无焦边的为好，以粗老、多筋梗、混杂、断碎多的为差。

叶底的色泽，绿茶以嫩绿、绿带微黄明亮的为好，不应有明显的焦边、红变、黄变等；红茶以红艳明亮的为好，色泽均匀不花杂，无青张；青茶叶底应有明显的"绿叶红镶边"，且叶片柔软肥厚；黄茶叶底以黄嫩明亮、均匀一致为好；白茶以毫心多、肥壮，叶张软嫩完整，色黄绿，叶梗叶脉微红明亮为好；黑茶叶底应黑褐油润，有弹性，以梗、叶比例适中，叶片完整为佳。

二、茶叶贮藏

茶叶疏松多孔，容易吸潮、吸附异味，而且被购买回家后，无论是散装茶还是袋装茶，一般还要喝一段时间，因此茶叶的保存尤为重要。特别是散装茶，最好重新包装或分装成小袋，避免反复地开袋使茶叶变质。不同的茶类需要用不同的方法来维持茶叶新鲜，防止品质下降。

绿茶、黄茶、乌龙茶、非紧压的白茶（如白毫银针），大都以品尝当年所产新茶为主，具有很强的季节性；因此这类茶的保存以保色或保鲜为重点，需要做到隔绝氧气、避光、低温干燥存放。有很多茶饮爱好者，买了优质茶品后，往往由于不会贮存而让优质茶品失去了原有的风味，甚至发霉变质。如果掌握了"低温、避光、密封、干燥、清洁"的基本要求，运用"干燥剂贮存法""低温贮存法"等简单实用的方法，就能较长时间地保持茶叶的"新鲜"了。

（一）罐藏法

如果是短时间就会饮用，或是经常饮用，且不需要严格保色、保鲜的茶叶，如全发酵的红茶、半发酵的乌龙茶等，可以用密度高、有一定强度、无异味的塑料袋或密封袋装好后密封，用马口铁听或是专业的密封茶叶罐（最好选择有双层盖的），置于通风阴凉处，能够减缓茶叶陈化、劣变的速度。这种贮藏方法简单方便、随取随用，是当前家庭贮茶较常用的方法。可以放入小包干燥的硅胶或无味的干燥剂，以便更好地防潮。

（二）冷藏法

需要长期储存，或对保鲜要求较高的绿茶、清香型铁观音、白毫银针等，可以先将茶叶以净纸包好，用有一定强度和密度、洁净无异味的塑料袋或密封袋层层密封，然后放入密封性好的茶叶罐中，置于冰箱的保鲜层（0～5℃）中存放，同时要避免与气味过于浓烈的食品放在一起。这种存放方法经济便捷，且效果上佳，就算存放一整年，茶叶也会芳香依旧、色泽如新。

（三）热水瓶储藏法

选用保暖性良好的热水瓶作为盛具。将干燥的茶叶装入瓶内，装实装足，尽量减少空气存留量，瓶口用软木塞盖紧，塞缘涂白蜡封口，再裹以胶布。由于瓶内空气少，温度稳定，这种方法保持效果也较好，且简便易行。

上述储藏保管方法比较适用于绿茶等不发酵或半发酵茶，尽量长时间"保鲜"；而对于红茶等发酵程度较高的茶类，或紧压的黑茶、白茶等想通过储藏达到"陈化"目的的茶品，则不需要严格地保绿或保鲜，储存方法另当别论。其保存的重点在于防止受潮、霉变、异味等，要做到避光、干燥贮藏。

选择适当的贮藏容器，对于维持茶叶品质稳定性十分重要。家庭经常饮用的茶叶在贮藏时，存放地点要清洁、干燥、阴凉，避免阳光直射，茶叶受到日晒会产生令人不愉快的日晒气味。

同时应注意防异味。正常香气的茶叶若置于有异味的环境中，不仅香气会大打折扣，品质下降，还会吸附异味以致无法饮用。人们在出差、旅游时，往往会随身携带一些茶叶，或者在茶叶产地购买当地的特产名茶。在旅行中携带茶叶时，尤其注意不能将茶叶同气味浓重的香烟、中药、香水等物品放在一起，否则极易变质。

三、茶叶冲泡

在接待宾客之前，应了解泡茶的基本技巧。想要泡出一杯好茶，从择茶、择水、择器，再到茶的冲泡技巧，都有相关规范。这不仅是技术上需要，更是礼仪的需求。只有掌握这些基本知识，才能在生活和工作中彰显气度和风范。

（一）择茶

一般说来，茶叶的冲泡过程可以分为以下 10 个基本步骤：备茶、择具、洁具、候汤、置茶、润茶（或洗茶）、冲泡、斟茶、奉茶和品饮。首先，应根据气候、季节、环境、情景、饮者喜好和身体状况、饮者体质选择适宜的茶品。六大茶类，其性质和功效不尽相同。在不同的情况下选用适宜的茶品，才能最大程度地发挥茶的功效。

绿茶性偏寒，茶汤中富含氨基酸、茶多酚、维生素等营养物质，具有提神醒脑、帮助消化、抗氧化等功效。绿茶最好在吃过早餐后饮用，可以帮助人们保持清醒的头脑和充沛的精力；但其刺激性稍大，不宜空腹饮用，且患胃病者、月经期间或怀孕的女性不适宜饮用。由于绿茶具有提神的功效，因此对咖啡碱敏感的人不要在下午或晚上饮用，以免造成失眠。

白茶性寒，特别是当季生产的新茶，其茶汤中同样富含氨基酸、维生素等营养物质，饮来鲜甜清爽、香气迷人。体质寒凉、畏冷者，风寒感冒者，以及月经、妊娠期间的女性，不宜饮用白茶新茶。但白茶经过一段时间的存放转化后，其寒性会逐渐褪去，有着"一年茶、三年药、七年宝"的赞誉。老白茶性平和，禁忌很少。

黄茶经过闷黄工艺后，在保留了绿茶鲜爽滋味的同时，减少了刺激性，性质温和，饮来有助脾胃，可增强食欲，适宜脾胃虚弱者饮用，不会给身体造成负担。

红茶味甘性温，适合绝大部分人饮用。将红茶搭配红枣、枸杞、红糖、蜂蜜、柠檬等制作成花草茶或调饮茶，可以发挥温暖脾胃、养血补气的功效。

青茶的种类较多，其中发酵偏轻的，如清香型铁观音，其滋味和性质更接近于绿茶；而发酵程度较重的，如台湾东方美人茶，其性质更接近于红茶。青茶香气馥郁，滋味醇厚回甘，为消费者所喜爱。

黑茶性温平，口感醇和，刺激性弱，有着消食解腻、帮助消化的功效，适于大多数消费者。

春季气温回暖，雨水多、湿度大，宜饮香气馥郁的花茶，有祛寒理郁的作用。夏季温度高，适宜饮用绿茶和白茶。绿茶味苦性寒，可以散发暑气；白茶健胃提神，可降热消暑。秋季天气转凉，气候干燥，宜饮用发酵适中、性平和的乌龙茶，以及经闷黄发酵的黄茶，可消夏季余热，生津润肺，健胃助脾。冬季天气寒冷，饮用味甘性温的红茶或醇和温厚的黑茶，有利于生热暖胃、帮助消化。

（二）择水

水为茶之母。明代许次纾在《茶疏》中写到道："精茗蕴香，借水而发，无水不可与论茶也。"好茶离不开好水。那么，用什么样的水来冲泡茶叶，才是最合适的呢？

首先，好水离不开一个"净"字。无论水源取自何处，水质应当清洁干净、澄清透明，没有杂质、沉淀，无污染、无异味，没有细菌、真菌滋生。满足"净"字要求的水，方能饮用。

其次，以软水为佳。硬水中含有可溶性钙、镁等化合物较多，用来冲泡茶汤往往使茶汤发暗，滋味发苦、发涩，煮沸后也容易出现水膜和沉淀物，不适宜用来泡茶。

用自来水沏茶，最好先贮存、澄净一天，待氯气挥发后再煮沸沏茶。

也可以用净水器过滤净化，或者通过活性炭、竹炭等吸附过滤处理。处理后的自来水，也基本可以保持茶叶的色、香、味。

质地优良的山泉水也是泡茶用水一个很好的选择。同时，用当地山泉水泡当地茶，是最为适宜的搭配。而用纯净水泡茶，其水净度、透明度高，泡出的茶汤晶莹透彻，香气醇正，无异味、杂味，是宜茶之水。

（三）技法

每个人都会喝茶；但是，并非人人都会泡茶。茶叶品类丰富繁多，冲泡技术各有不同。若没有掌握泡茶的核心技术，即便手中有好水、好茶、好茶具，也很难冲泡出鲜醇甘美的好茶。因此，更要注意泡茶的水温、茶水比、浸泡时间和频次、注水手法等。

1. 绿茶冲泡

绿茶属于不发酵茶，它保留了鲜叶内85%以上的活性物质，如茶多酚、氨基酸等，这才成就了它"清汤绿叶、滋味鲜爽"的品质特征。因此，"保鲜""保绿"是绿茶冲泡的关键技术要点。此外，绿茶品类丰富，造型多样，有扁平型、直条型、卷曲型等，因此在冲泡时还应兼顾茶之"形态美"的呈现。

（1）器具选择。名优绿茶适合选用无花透明的玻璃杯进行冲泡，这样可以充分欣赏茶叶在杯中的美姿；或者用白瓷、青瓷、青花瓷、玻璃盖碗冲泡，也非常适宜。

（2）水温。细嫩芽叶如果用100℃的开水直接冲泡，容易造成"熟汤失味"，汤黄色暗，失去观赏性，而且破坏维生素C，降低营养；同时，茶多酚很快浸出，茶汤产生苦涩味。从"保鲜"出发，应适当采用低温法冲泡绿茶。特别细嫩的名优绿茶，如明前碧螺春，原料多为芽头，或一芽一叶初展，以75~80℃的水温冲泡为宜；原料嫩度在一芽一叶至二叶左右，以80~85℃的水温冲泡较为适宜；大宗绿茶，原料嫩度在一芽二三叶甚至四五叶，以90~95℃的水温进行冲泡为宜。

（3）茶水比。茶叶用量主要影响滋味的浓淡，初学者可尝试不同的茶水比例，找到适合自己的茶汤浓度。一般而言，单杯冲泡绿茶时，茶水比例以1∶50为宜；如果采用分杯泡茶，茶水比例可以调整为1∶30左右。

传统的一人一杯泡法，虽然可以欣赏茶叶在杯中浮动的美景，但无法充分感受绿茶的香；而且一杯茶，上层的味淡，下层的味浓，浸泡久了容易生出苦涩味。而分杯法来冲泡绿茶，则取得了独到的效果。

分杯泡法：绿茶泡好后，将茶汤先倾入公道杯，然后斟入品茗杯中敬奉给客人细品。一般选用水晶玻璃同心杯或盖碗来冲泡，最大的优点是可根据客人的品饮喜好确定出汤的时间，不会让茶叶长时间浸泡在水中，以致出现苦涩味。这样就能更好地控制每一道茶汤的色、香、味，也能让每位客人喝到茶味一样的茶汤。与单杯泡法相比，分杯泡法别有一番情趣。

（4）浸泡时间和频次。浸泡时间的长短，应综合考虑茶叶投放的多少、水温高低、品饮者浓淡喜好等因素。按常规标准，单杯泡法浸泡2分钟左右即可品饮，一般可以重复冲泡2~3次。注意，当杯中还留有三分之一左右的茶汤时，就要及时续水；这是因为，细嫩绿茶中滋味物质极易浸出，若不留有一定量的"母水"，很容易变得寡淡而无味。待客时尤其要注意，这既是冲泡技术，也是礼仪的要求。

分杯泡法第一泡30秒即可出汤，第二、三泡可适当延长时间。一般冲泡3~4次，味道变淡后，即可换茶。

在冲泡绿茶时，应注意不要用水流直冲茶叶（特别是茶毫满披的细嫩茶叶），应沿杯壁缓缓注入，否则茶汤滋味会变得苦涩，茶毫由于水流的激荡脱落，使汤色变得浑浊。

此外，为了巧妙地降低水温，达到"保鲜"与"美感"呈现的目的，根据茶叶的造型，可以采用"上、中、下"三种不同的冲泡方式。上投法，即先注水后投茶；中投法，先注水三分之一，再投茶，再注水至七分满；下投法，即先投茶，再注水。

绿茶的冲泡看似简单，实则极考工夫。选用哪种方法冲泡，不仅取决于茶叶原料的鲜嫩程度和造型，还与品饮者的喜好相关。"看茶泡茶""应需泡茶"才是最高境界，其中，所有的技术运用为的是尽量体现绿茶的"鲜嫩"。然而，要达到这种境界，需要长期实践与练习。

2. 红茶冲泡

红茶是发酵茶，在加工过程中，部分茶多酚氧化成了茶黄素、茶红素、茶褐素，从而形成了"红汤红叶、香甜味醇"的品质特征。也正因如此，红茶还具有较好的兼容性。可清饮也可以调饮，清饮时以体现"甜醇"为关键技术；用于调饮时，以体现"浓强"为冲泡技术要点。

（1）器具选择。冲泡工夫红茶时，多选用精美的瓷质茶具组，主体为瓷质盖碗或瓷壶，会显得温馨并富有情趣；或用紫砂壶冲泡也非常适宜。冲泡红碎茶时，采用带过滤装置的紫砂壶和瓷壶进行煮饮较为合适。

（2）水温。冲泡原料细嫩的工夫红茶，通常用90℃左右的沸水；冲泡红碎茶时，采用100℃的沸水冲泡。冲水后须马上加盖焖茶，以保持红茶品质的芬芳，滋味醇厚。

（3）茶水比。单杯泡时，一般也采用1∶50的茶水比；分杯泡时，一般采用1∶40的茶水比；如果用壶泡，可以采用1∶(60~80)的比例，例如用300毫升容积的紫砂壶冲泡时，可投入5克红茶冲泡。

（4）冲泡频次。单杯冲泡工夫红茶时，冲泡频次与绿茶冲泡基本相似，一般也是2分钟左右饮用为宜。每次在杯中还余有三分之一的茶汤时续水，续水2~3次后即可换茶叶。

分杯泡时，第一泡1分钟后即可将茶汤倾入杯中；从第二泡起，每一泡增加15秒左右，一般冲泡3次后香味变淡。

红碎茶茶汁容易浸出，一般只能泡一次，浸泡3分钟即可滤出茶汤。根据口感喜好，调整投茶量与浸泡时间。

红茶清饮与调饮有着不同的冲泡方法。冲泡清饮红茶时，应注意控制水温，并及时出汤，避免"苦涩"味出现，从而体现红茶的"甜醇"。冲泡调饮红茶时，通过加大投茶量、高水温、较长时间的冲泡，泡出"浓强"度好的红茶汤，加入牛奶、糖、柠檬等配料后，形成风味多样的调饮红茶，这是红茶的迷人之处，也是红茶能成为全球消费量最大的茶类的原因。

3. 乌龙茶冲泡

乌龙茶是半发酵茶，具有滋味浓醇爽口、茶香浓郁和叶底绿叶红镶边等独特的品质风格。滋味和香气是确定品质的基本因子，更是衡量乌龙茶品质优劣的重要指标；因此，冲泡乌龙茶的技术关键是恰到好处的"催香"与"酿醇"环节。

（1）器具选择。青茶（乌龙茶）最适宜用紫砂壶冲泡，也可以用白瓷盖碗或瓷茶壶冲泡。最好选用有盖的茶具，不然香气会快速逸出。冲泡和品饮乌龙茶时，杯盏宜小不宜大；因为"小则香不涣散，味不耽搁"，能更好地体现乌龙茶的香气和滋味。现代生活中，品饮乌龙茶时还常常借用瘦高的"闻香杯"来品闻香气。

（2）水温。乌龙茶原料较为成熟，其花果香多是由高沸点香气物质组成，因此，冲泡乌龙茶一定要用高温水（刚滚沸的水，接近100℃），但不能用反复烧开的水。水温高，茶香易发，茶汁浸出率高，茶味也浓，更能品饮出乌龙茶特有的韵味。如果水温偏低，香气低，茶就会显得淡而无味。为了提高温度，冲泡之前要用开水预热杯盏。

（3）茶水比。乌龙茶的特色"香高、味酽"，可以说是茶类的浓香型。相对绿茶和红茶而言，用茶量要较其他茶类高出许多。通常采取1:30左右的茶水比来冲泡。生活中我们见到的独立小包装的茶产品，红茶、绿茶以3克装的居多，而乌龙茶常以7克装为主。

（4）冲泡频次。乌龙茶冲泡的要诀在于"快"，在正式冲泡前都要快速润洗，以使茶条舒展，茶香激发；出汤时间也讲究"快"。根据茶品发酵程度，深浅略有不同。乌龙茶浸泡时间的长短，对于茶汤品质的呈现十分关键：浸泡过久，会致汤色变暗，香气散失，有闷味；若浸泡时间太短，茶叶香味又出不来。

轻发酵乌龙茶（例如清香铁观音）：第一泡约40秒后出汤，第二泡30秒后即可出汤，以后每次延长15秒。

重发酵乌龙茶（例如大红袍）：第一泡可即冲即出，第二泡10秒后即可出汤，以后每次延长10秒。

乌龙茶较耐泡，一般可泡饮5~6次。上等乌龙茶更是号称"七泡有余香"。

冲泡乌龙茶对技术要求较高，冲泡过程相对复杂，同时，品饮要趁"热"，才能充分领略乌龙茶的香和韵。因此，人们将乌龙茶冲泡称为"工夫茶"，总的技术要点是"器具小，水温高，冲泡快，趁热饮"。

4. 白茶、黄茶冲泡

白茶是将鲜叶，经萎凋，晒干或用文火烘干，使白茸毛在茶的外表完整地保留下来，成品茶的外观呈白色，故名白茶。因加工过程中不炒不揉，形成了"汤色浅黄，滋味甘鲜"的品质特点。

黄茶是在绿茶加工工艺的基础上加了一个"闷黄"的过程，形成了"黄汤黄叶，滋味较绿茶醇和"的品质特点。

白茶、黄茶都属于轻微发酵茶，都是中国的特有茶类。与绿茶的茶性相似，所以在冲泡品饮时，可在参照绿茶冲泡的方法上，加以调整，以突出白茶的"甘鲜",黄茶的"醇和"。

(1) 白毫银针的冲泡。

① 器具选择:瓷盖碗。

② 泡茶水温:90℃开水。

③ 茶水比例:1∶50。

④ 冲泡频次:用开水预热盖碗,清洁茶具——取适量的白毫银针置于茶碗里,约3克,90℃左右的开水从盖碗边缓缓注入约8分满,润茶闻香,盖上碗盖,第一泡30秒,以后每泡递增——出汤,将茶汤倒入公道杯中,分茶敬客。

(2) 君山银针的冲泡。

形美是君山银针的特色,冲泡该茶时,应以娴熟的冲泡技巧让茶品之美淋漓尽致地展现。

① 器具选择:由于君山银针芽身金黄,满披银毫的独有形美,故只能用透明的玻璃杯冲泡君山银针,方可欣赏到杯中茶舞的曼妙英姿。

② 泡茶水温:95℃以上的开水,并且在冲入开水后要立即盖上一片玻璃片,以使茶芽快速吸水。

③ 茶水比例:1∶50。

④ 冲泡频次:1分钟左右,即呈现出"雀嘴含珠""万笔书天""群笋出土""三起三落"等美景。此时应及时出汤,如浸泡时间太长,滋味变苦。再次沿杯壁注水,茶芽还可以竖立杯中。如果直接用水冲茶,则茶芽散乱,不能再立。冲泡两次左右即可换茶。

5. 黑茶冲泡

黑茶,是中国独有的茶类,原是边疆少数民族赖以生存的重要物资,后来随着社会经济的发展与繁荣,人们逐渐发现它具有消食解腻的功效,以及越陈越香的特点。近二十年来,黑茶在茶界以"黑马"之姿迅猛发展起来,成为人们生活中常见的茶类。

黑茶是后发酵茶,品质形成与发酵时间成正相关(其他条件一致的条件下,时间越长,品质越好),冲泡时,内含物浸出速度较其他茶类慢,因此,"高温耐泡"是黑茶冲泡时要掌握的技术要素。

(1) 器具选择。黑茶原料相对粗老,叶底的欣赏价值不高,冲泡过程中一般不选用玻璃杯,而是选用相对开阔的陶壶,或是敞口的瓷盖碗。而分茶汤的公道杯则多选用玻璃材质的，品饮黑茶的品茗杯也会选择容积大一点的。

（2）泡茶水温。黑茶是后发酵茶，相对其他茶类而言，原料较为粗老，因此冲泡时水温要求高，冲泡水温需要100℃。如果采用煮饮的方式，浸出率高，滋味更醇。

（3）茶水比例。如果是砖茶或是千两饼，要使用黑茶的专用取茶刀，顺着茶砖或茶饼的纹路，倾斜将整茶撬取。如果是黑茶的颗粒，根据容器大小，选取一颗颗粒。

茶叶用量的多少是决定茶汤浓淡的关键因素。由于黑茶的原料和工艺，使其水浸出率相对红绿茶低，茶水比可适当大些。

冲泡黑茶可采用1∶30的茶水比；如果是煮饮可采用1∶50的茶水比。

（4）泡饮方式。为了散发黑茶渥堆过程中的不良气味，或是陈放过程中产生的杂味，正式冲泡前的洗茶显得十分重要。注水后，将茶尽量散开，以让杂味迅速散发。同时，尽量控制时间在15秒内。并且要根据洗茶的效果判断洗茶次数，一次洗茶后，应揭盖嗅闻，如果茶香很纯，一次即可，但如果还有杂味，建议再洗1~2次，直到杂味消除。如果洗过3次依然有异味，尤其是霉味，建议不要再喝。

如果是新品黑茶（即3年内的黑茶），第一泡时间宜短，一般约20秒左右，这样不易出现涩味。黑茶可冲泡5~7次，随着冲泡次数的增加，冲泡时间应适当延长。

如果是陈年黑茶（3年以上），第一泡时间可稍长，一般约40秒左右。优质陈年黑茶与新茶相比耐冲泡，可冲泡10余次。随着冲泡次数的增加，冲泡时间应适当延长。

煮饮黑茶，将适量的黑茶投入盛有山泉水的壶中，煮沸30秒左右即可关火，直至止沸后，过滤茶渣即可饮用。这个煮饮方法能较好地体现黑茶的香气，茶味相对醇厚。

当代生活中，因为黑茶具有消脂祛腻之功而受到广大消费者的喜爱。也有很多简便的烹饮方法随之出现，如专用黑茶煮饮机。

此外，飘逸杯冲泡法让品饮黑茶变得十分便利。具体步骤如下：

第一步，温杯。用开水温杯，内杯、外杯均需要温热。

第二步，置茶。取7克茶叶放入带有超细滤网和出水按钮的飘逸杯内杯中。

第三步，洗茶。直接将开水注入内杯，迅速轻按出水按钮，茶水被滤至外杯，将滤出的茶汤倒掉。

第四步，冲泡。再次将开水注入内杯，约20秒后轻按出水按钮，茶水被滤至外杯，即可分杯饮用。之后，可冲泡4~5次，可通过茶叶浸泡时间的长短来控制茶水的浓淡。

四、茶席布置

茶席，是近些年出现的概念。在中国古代茶文化典籍中，"席"最早是指用芦苇、竹篾、蒲草等编成的坐卧垫具，后又衍生为座位、席位、酒席等义。

在日本茶道中，"茶席"是指举办茶会的房间，称为茶室、茶席，或只称为席。中国使用"茶席"之名，最早始于台湾地区的茶人。狭义的茶席，是单指从事泡茶、品饮或兼及奉茶而设的席面。茶席不等同于品茗空间、饮茶场所、茶室等概念，而是指其中核心且必不可少的一部分。

茶席，应以茶为中心、茶具为主体，配合桌椅、铺垫、茶花（插花、盆景、清供等）、挂轴及其他辅材，布置出具备茶事功能的席面，为品茗构建出人与茶、茶与器、器与境、人与人之间和谐相融的茶美学空间。茶席将茶、器、人贯通，三位一体，兼具实用性与审美性。由于人的生活环境、文化背景、思想性格等不一而同，在布置茶席时可能会选择不同的构成要素，但最基本的要素有：茶器、铺垫、插花、挂画等。

（一）茶器

茶器组合是茶席构成要素的主体。同时，茶器也必须兼顾实用性和审美性。选择的茶器要以茶为核心，方能充分发挥茶之性质。"器为茶之载"，就说明了器具对茶的重要性。同时，茶具要有良好的使用体验，制作精良，如：主泡具和煮水器要耐热、不烫手，出水流畅有力，断水干脆，等等。根据不同的茶类，选择合适的器具，发展不同的设计理念。

茶器组合有一定的原则，具有一定的整体性，将不同材质、颜色的茶器、茶具有机地结合为一个整体。茶器一般包括：煮水器、主泡具、品饮用具和辅助用具等。煮水器多为金属、陶、耐热玻璃、石制等；主泡具如紫砂壶、盖碗、瓷壶、玻璃杯等，其造型、颜色多种多样，应根据所泡茶品、茶席主题和色彩等进行选择和搭配；品饮用具如品茗杯、闻香杯、盖碗等，其材质多为瓷质、陶制、耐热玻璃、紫砂等，造型多样、品类丰富；辅助用具如茶荷、茶匙、茶夹、茶则、茶针、杯托、壶承、盖承、水盂等，其材质多为竹木、金属、瓷质、紫砂等。在搭配茶器茶具时，根据需要可以做基本配置，也可做齐全配置、创意配置。若是初学，可以先使用整套茶具，整体感强烈，特点突出，缺点是不够灵活、难以变通。经过学习，可以尝试不同材质的茶具相互搭配，也有别开生面的效果。

（二）铺垫

茶席

铺垫是指茶器等物件下的铺垫物，它有不同的质地、款式、大小、色彩、花纹等，通过运用对称、不对称、烘托、反差、渐变、渲染等布置手法，可以表达不同的主题和内涵，彰显独特的韵致。常用物包括各类桌布（布、丝、绸缎、麻等）、手工织物、竹编垫、草编织垫、布艺垫，甚至自然材料（如：荷叶、枝条、芭蕉叶、砂石、落英等）。初学者在选择和购买铺垫时，可以先用邻近色、渐变色来搭配，而过于抢眼、跳跃的色彩或花纹难以驾驭，难免有喧宾夺主之嫌，且茶席本身讲究淡雅娴静之美，当熟练掌握色彩搭配的技巧后，可以尝试使用对比色、反差色来进行主题的强调和表达。铺垫的材料，以手工制作、取材自然、趣味天成者为上佳，且要与茶、茶具搭配和谐，是表达情感的手段之一。

（三）插花

茶席插花具有一般插花艺术的基本特征，又赋予了茶人的诸多审美要求，因此具有特殊风格。插花出现在茶席中，可以追溯到宋代。到了明代，茶席插花的应用已经非常普遍了。袁宏道在《戏题黄道元瓶花斋》中写道："朝看一瓶花，暮看一瓶花，花枝虽浅淡，幸可托贫家。一枝二枝正，三枝四枝斜；宜直不宜曲，斗清不斗奢。傍拂扬枝水，入碗酪如茶。以此颜君斋，一信添妍华。"三言两语之间，道出了清雅的茶人对茶席插花的基本审美，即追求的是茶之幽雅娴静、质朴天然的精神，具有清正、简洁、淡雅、精致等特征，为品茶的过程增添几分自然的雅趣。其主要特点有四：一是插花整体应以清、雅为主，忌浓烈、奢华，通过枝条、花朵、草叶的搭配，追求造型、色彩和情感韵致的统一，与茶、茶席融为一体，营造出品茶意境之美；二是插花的花材种类、色彩宜少不宜多，忌繁复、庞杂，插花大都小巧精致，不多不少、恰到好处地反映茶主人高尚的情操，以及人与自然的和谐；三是追求花材本身的自然之美，哪怕略有损伤、凋落，亦是自然流露之美态，在不变中追寻改变，是人为创作不断寻得自然的过程，不矫揉、不造作，人为地去放大、凸显自然之美，状似轻描淡写的一笔，实则用心良苦；四是茶席插花属于东方插花的范畴，偏爱以线条曲直、粗细，花叶的疏密、色彩的浓淡、刚柔互济来表现不同的思想感情。

茶席插花所用的花材，正如不同季节适宜喝不同的茶品一样，可随着时令变化。这样的流动和变迁，将四时更替、年岁更迭浓缩到一方茶席、一束插花之中，颇有时间循环往复之感。正月有身姿清癯、色白胜雪的梅花，二月有无处避春愁的杏花，三月有映红人面的桃花，四月赏牡丹，五月爱玫瑰，六月莲荷韵，七月妆蜀葵，八月桂花香满人间，九月黄菊散轻肌，十月幽兰正当时，十一茶花浮清韵，十二水仙欲倾城。月月有好花，日日品香茶。

（四）挂画

挂画是指在茶席上悬挂在背景环境中的书画作品，可以表达茶席旨趣、提高茶席审美意趣，似有画龙点睛的作用。中国茶圣陆羽在《茶经》中就提倡："绢素或四幅或大幅，分布写之，陈诸座偶"，以"目击而存"。日本茶席也将挂画摆到十分重要的位置上，日本茶道集大成者千利休在《南方录》中记叙："挂轴为茶道具中最要紧之事，主客均要靠它领悟茶道三昧之境。其中墨迹为上，仰其文句之意，念笔者、道士、祖师之德。"

借以茶席挂画，可以表达事茶之人的品茶情趣、人生态度和所追求的人生境界，其在茶席中的作用，就像是文章的"中心句"，以简单的形式表达全文主旨。除书法外，还有画（多为中国水墨画），以"四君子"（梅、兰、竹、菊）或"岁寒三友"（松、竹、梅）以及山水画最为常见。

在了解了茶学基本知识之后，就能够在生活中通过实际运用来掌握更多的技巧，并且只有通过长期的实践，方能领悟茶之真谛。看似普通的茶叶，也需要掌握足够的技巧，再配合茶器、用水、茶席、插花等，营造文雅而有内涵的品茗环境，方能释放其独有魅力。

第三节　茶道礼仪规范

案例导入

小雅上周通过了"陋室茗"茶馆的面试，成功地被录用为茶艺师。这是小雅上班的第五天，她非常开心。昨天她接了一笔业务，她的老同学安安今天邀请了几个嗜茶的朋友要来"陋室茗"聚会。小雅一早就来到了茶馆，11点客人们准时到达。在小雅的推荐下，他们点了一壶正山小种红茶。为了表示礼敬，安安请小雅亲自泡茶。小雅用工夫泡法将茶泡好，并为客人们奉上了茶。一位客人端起茶杯，正要品饮时，却放下了杯子，闷闷地说："茶是好茶，可惜香气不纯。"安安觉得非常尴尬。究竟是怎么回事呢？原来，小雅泡茶之前用过护手霜，杯子吸附了脂粉味……

当今社会，随着茶饮的普及，以茶联谊、以茶商贸、以茶休闲，已是最广泛的社会活动。在众多场合中，饮茶都有约定俗成的礼仪。只有重视这些礼仪，才能展现出待客的热情与诚意；只有学会了这些礼仪，才能在各种场合正确运用，以达到塑造个人良好形象，并构建和谐人际关系的目的。本节将从准备礼仪、沏茶礼仪、奉茶礼仪、饮茶礼仪、续茶礼仪五个方面详细讲述，让学习者了解这些基本常识后，做一名茶事活动中的礼仪达人。

一、准备礼仪

准备礼仪，即茶事活动开始之前的准备工作。这既是表达对来宾敬重的必要环节，也是确保专业的名茶品鉴会、隆重的茶话会、会议茶水服务、佐餐茶饮等茶事活动圆满成功的重要保证。准备礼仪一般包括以下四方面内容。

（一）茶叶的选择与准备

1. 品鉴会茶品准备

将需要品鉴的茶品，分成小包封装好，每包为一泡的量（绿茶、红茶、黄茶，3～5克/包；白茶、黑茶，5～7克/包；乌龙茶，8～10克/包），以免茶叶在开泡之前吸水或吸附异味。如果是紧压茶，需要事先破开并拌匀。陈年的紧压茶还需要提前一周破开，放在陶罐内进行醒茶。

2. 茶话会和佐餐茶品准备

根据参会或就餐人员的年龄、喜好进行准备。最好多准备几种茶叶，以便与会者有更多选择余地。如果仅有一种茶叶，应事先向客人交代清楚。

3. 大中型会议茶品准备

根据参会人数来准备，茶品的选择有一定的地域性，如南方多用绿茶，北方多用花茶。此外，每个产茶区都可以将自己的特色茶品作为会议用茶。例如：在益阳地区，会议中多用安化黑茶；在江浙地区，会议中多用西湖龙井。如果不方便给所有与会者上茶，则应设饮水处，为与会者提供茶水或茶叶、开水等。

4. 日常待客茶准备

以茶待客是中国人生活中最常见、最普遍的礼仪，所以办公室和家中都会准备一些待客茶品。一般而言，可根据家庭条件准备一种或几种茶品，并用上节介绍的方法进行贮藏。

（二）茶器具的准备

无论哪种场合，选用的茶器具都应达到两个基本要求——"宜""净"。宜，即宜茶、宜人、宜场合；净，即干净无污染。特别是久置未用的茶器具，有时难免沾上灰尘、污垢，要细心地用清水洗刷一遍。同时，要注意不能用有缺口或裂缝的茶杯。

1. 品鉴会茶器具准备

品鉴会的专业性较强，准备的茶器具应根据冲泡的茶叶进行选配，一般包括泡茶器具、分茶器具、奉茶器具、品饮器具、备水器具，以及茶巾、水盂等清洁器具。根据人数与冲泡茶类来配备泡茶器、品茗杯。在"宜茶"前提下，也可以选择一些个性化的茶器，以增加品茶的趣味性。

2. 茶话会或佐餐茶器具准备

根据所选的茶品进行配备。如果是单人饮，可用盖碗、个人品茗组（如冲泡盅加一茶碗）、同心杯等。

3. 大中型会议茶器具准备

冲泡红茶、绿茶或袋泡茶，宜选用单杯饮用的素瓷胜利杯。黑茶则需要煮好或泡好后，滤去茶渣再倒入杯中。专业茶会，可以使用同心杯。

4. 日常待客茶器具准备

根据客人逗留的时间和喜好选用不同的茶器。客人逗留的时间短，可用白瓷杯或玻璃杯泡绿茶、花茶，或是用飘逸杯泡好后倒入品饮杯中；如果使用一次性纸杯，在倒茶之前也要注意给一次性杯子套上杯托，以免水热烫手。若是客人逗留的时间长，可以请客人入座后，用工夫茶具泡茶，慢慢品饮。

此外，在茶展茶会上供参观的客人品饮时，由于品饮者流动性大，杯子容量不宜太大，以食品级的亚克力小杯最好，无异味的小纸杯亦可。

（三）场地的准备

场地的准备包括品茶环境的布置，场所要打扫干净，根据需要布置茶席，在适当的位置摆放指示牌等，将室温调整到让人舒适的温度，同时，为客人准备一些味道相对清淡的糕点、干果、水果作为茶点也是十分必要的。除此之外，还应着重注意的是客人座次的安排。

中国传统文化讲究老幼有序、男女有别，关于这一点，《荀子·君子篇》中提到："故尚贤使能，则主尊下安；贵贱有等，则令行而不流；亲疏有分，则施行而不悖；长幼有序，则事业捷成而有所休。"显然，这种等级制度和等级观念随着社会的发展逐渐淘汰，但是深受传统文化影响的茶礼仪继承了其中的"尊人敬人"的内涵，并在正式的以茶待客中，通过座次礼仪进行实践。虽然在日常的饮茶待客中也讲究"主随客便"，但是如果饮茶的人数较多，那么就需要对相关的礼仪规范进行遵守：在座次礼仪中，中国传统文化以左为尊（西方惯例以右为尊），因此主人左面顺时针由尊到卑排列，其中长者为尊、师者为尊。另外，在座次安排中，还应当避免出现对头坐的现象，即便是只有主客二人，了解座次礼仪的客人也应当坐在主人右边的卑位。如果实在无法避免对头坐的现象，则一般会安排小孩子坐在对头坐的位置。

二、沏茶礼仪

沏茶礼仪很有讲究，包括净手、涤器、置茶、注水、分茶等一系列动作，具体要求如下。

（一）净手礼仪

洗手礼仪

无论在何种场所，负责倒茶的人员，特别需要注意手部的清洁。在专业品鉴会或正式茶话会上，由于整个过程都要用手来完成，沏泡者一双手的灵巧度与实用度要强过任何工具，因此要求双手洁净，不留过长的指甲，不使用有色指甲油。在泡茶之前，泡茶者有必要将手洗净，同时要避免使用具有刺激性气味的洗手液或香水等用品。

（二）涤器礼仪

涤器礼仪

如果需要当面给客人沏茶，那么泡茶者应当在客人面前用热水将茶器具再次烫洗，这样不仅表明泡茶者讲究卫生，而且能够体现出泡茶者对礼仪的讲究与对客人的敬重。

（三）置茶礼仪

避免用手直接抓茶，而应使用茶匙。用手指捏在茶匙柄三分之二处，取适量的茶叶投入冲泡器中。茶叶的用量应根据茶类、冲泡器的容量和客人对茶味浓淡的喜好来投放，注意尽量不让茶叶洒落在桌面上。

（四）注水礼仪

注水时要控制水流的急缓与高度，使水流不断，且水花不外溅。如果需要回旋注水，右手应沿着逆时针方向转动，左手应沿着顺时针方向转动，以表示"来，来，来"的欢迎之意。如果泡茶器的容量较大，泡茶人员的技术较娴熟，还可以"凤凰三点头"的注水方式敬礼，即提起水壶上上下下，水流不断，水不外溅，动作流畅，既能表达对客人再三点头致敬，也具有欣赏美感，更能显示出主人诚挚的心意。注水后，置壶时的壶口不要朝向客人，也不要对着自己，应尽量转至不对着任何人的位置，以示礼貌。

（五）分茶礼仪

沏茶过程中，无论是茶叶的用量还是分茶的茶量，都体现了中国儒家学说所提倡的中庸之道思想。在茶水分杯中，需要将茶杯摆放在主客面前，在避免茶水溅出的前提下使用公道杯进行分杯。品茗杯中的茶水不应倒得太满（八分满即可），以免出现溢杯和溢壶的现象，否则会被认为是一种失礼行为，而且会引发主客的尴尬情绪；同时，应尽量做到每杯茶水量一致。如果不小心有茶水滴落在桌面上，应及时用茶巾沾干，以保证茶席的干净整洁。

三、奉茶礼仪

茶汤分好后，主人向客人奉茶时应以双手敬上，这是基本的奉茶礼仪。在双手端茶过程中，也有一些需要注意的礼仪。例如：在端直筒玻璃杯时，应一手扶杯身，一手托杯底，而且扶杯身的手指应放置在离杯口三分之一处，忌直接用手指抓住杯口奉茶；如果是小品茗杯，在端品茗杯

玻璃杯奉茶礼仪

时，手指尽量不要碰杯口（为了确保不失礼，最好将品茗杯置于杯托上，再来奉茶）。再如：在双手端有杯耳的茶杯时，应当一只手将茶杯托住（如有杯托，则扶住杯托一侧），另一只手将杯耳抓住，然后将茶杯轻轻放在客人右手方向，并将杯柄转至右边，从而方便客人端起茶杯喝茶。这一过程中，主人可以运用"注目礼""伸掌礼"等规范的奉茶礼节，并热情地说"请品茶""请享用"等，以表达礼敬之意。

  当然，在奉茶中主人需要遵守一定的礼仪，客人自然也需要回礼。回礼又称应答礼，是客人对主人盛情款待的回应。正确的应答礼应当在主人完成茶叶冲泡并请客人品茶之后，一般可以用"叩手礼""点头礼"等规范的礼节，再加上"谢谢！"来回应。如果是在具有仪式感的场所，主人以隆重的敬茶礼奉茶，则客人应以相应的礼节回应。男性客人需要起身抱拳鞠躬或行"合十礼"，抱拳姿势应当是左手包住右手；女性客人则需要起身双手合十，并双手将茶杯捧起，鞠躬时弯腰的角度与对主人的尊敬程度成正比。如果主人是客人的长辈，那么客人答礼时的鞠躬角度应当在45°以上。随后以愉悦的状态观汤色，嗅茶香，品茶味。鉴赏完成之后，需要将茶杯放下，并对主人的茶叶品质或者沏茶技艺进行称赞。

  如果在分杯中，主人直接将茶水倒入水杯，则在奉茶过程中，应将左手拇指贴近手心，并轻击客人的茶杯，或是以"伸掌礼"请客人喝茶。这一动作能够表达出主人的谦虚之意，并具有"招待不周，多多包涵"的意思。对于了解茶道礼仪的客人而言，如果主人没有这一动作，将会被认为是失礼行为。

  小型会议用茶或是餐前用茶，一般在客人入座之后，将泡好的第一杯茶奉给最尊贵的客人，然后按从左至右（圆桌就按顺时针方向）的顺序给客人一一奉上。奉茶时，可同时说"您好！请用茶"来表达礼敬。应将茶杯置于客人的右手边。如果茶杯有杯柄，则应将杯柄转至右侧。

对大型会议来说，建议在会议举行之前半小时，先将茶杯置好适量的茶，摆放在桌面的右侧，在会议开始之前5分钟，按次序一一注入温度适宜的水。如果用黑茶、陈年的白茶或者重发酵的乌龙茶，一般可以事先泡好后，将茶渣过滤，用保温壶将茶汤进行保温，在客人入座之后，将保温壶中的茶汤倒入茶杯中供客人饮用。

四、饮茶礼仪

既然饮茶被当作待客中的重要形式，那么饮茶的过程自然也具有互动的特征。尤其是在专业品鉴、茶话会或日常待客过程中，饮茶的互动性表现为主人与客人在品茶过程中也会聊天。在此过程中，同样需要遵守一些必要的礼仪。在我国酒文化中，"亮杯底"与"一口闷"是常见的现象，这能够展现出主客之间的豪爽之气和浓厚的友谊；但是，中国茶道所讲究的礼仪与酒文化有着明显的不同，尤其是在品鉴特色、私藏或珍稀名茶时，其目的在于"含英咀华"、细细品味，而不能"牛饮"。只有这样，才能满口生津、齿颊留香，从而更能体会主人的深情厚谊。另外，主人奉茶，已经表现出自身的礼仪修养。因此，无论茶汤是否适合自己的口味，客人都不能当面吐出来或者露出嫌弃的表情，这是中国茶道礼仪对客人的基本要求。

对于自己喜欢的茶汤，可适当赞美，这是对主人盛情招待的感谢，也是礼貌的需要。如果茶水真的难以下咽，可以小啜一口后把茶杯放回原处而不再喝；但不可显露不悦之色甚至出言冒犯，应尽力尊重主人而避免其难堪，这是中国茶道礼仪对客人的基本要求。即便是主客交情深厚，也应当在泡茶之前选好茶品，避免在饮茶时因不喜欢而拒绝品尝，因为这是一种明显的失礼行为，甚至会被主人理解为故意挑衅。

端起茶杯喝完后，可轻轻地将茶杯放回原处。无论是主人奉茶时还是客人置杯时，都要尽量不发出杯具碰撞的声音，一是确保器具完好无损，二是相互表达礼敬的方式。

五、续茶礼仪

续茶是饮茶中的重要环节,同时也是体现饮茶礼仪的重要环节。

(一)续水要及时

一般而言,如果是单杯泡饮,则应在客人杯中还余有三分之一茶汤时就续水,这样才能保证客人不会喝到过浓的茶汤,且能让下一杯的味道浓淡适中。如果采用工夫冲泡法,则只要客人喝完,就应立即添加。一般来说,前三杯茶客人喝的速度会较快,然后速度会变慢。主人可根据情况合理调节沏泡的速度,让客人感受到充分的热情。

(二)举止要适宜

续水时,如果是有盖的杯子,则用右手中指和无名指夹住杯盖,轻轻抬起,用大拇指、食指和小拇指取起杯子,侧对着与会者;在与会者右后侧,用左手将容器填满。在往高杯中倒水、续水时,如果不便或没有把握一并将杯子和杯盖拿在左手上,可以把杯盖翻放在桌上或茶几上,只是端起高杯来倒水。切不可把杯盖扣放在桌面或茶几上,也不要不端茶杯直接倒水,否则既不卫生也不礼貌。在续完水后要把杯盖盖上。

如果遇到需要从客人身后将杯子先取出、再续水的情况,则应走到客人身后适宜的距离,礼貌地问:"先生/女士,我可以帮您添加茶水吗?"待征得客人同意或默许后,方可从右方取出杯子。有杯柄的杯子,要执杯柄;没有杯柄的杯子,则需要用左手中指、食指与拇指将杯柄握住,再侧身向杯中续水后,把茶放在与会者桌上右前方5~10厘米处,并把杯耳转向与会者,方便其取放。放茶杯的动作不要过高,更不要从他人肩部和头上越过。放茶杯的时候,注意不要把手指搭在杯口的边沿上。

如果是用公道杯从前方向客人杯中加茶汤,应注意茶汤加至八分满,茶水不要滴落在杯外。在一些高规格的会议中,奉茶续水一定要尽量做到悄无声息,避免干扰到会议的进行,而且要殷勤及时,使参会者的茶杯中始终保持适量的茶汤,这就是会议茶礼仪圆满周到的标志。这就要求无论是端茶还是添水,动作一定要轻、稳,切忌心急、毛躁,甚至碰倒茶杯弄湿参会者的衣服。在倒水的时候还要稍微提醒一下在座的人,避免发生碰撞。此外,还要根据参会者座位的方向,灵活调整续水的方位,尽量避免挡住参会者的视线。

（三）茶汤忌寡味

如果续茶时发现客人的茶水已变得极淡，则应及时更换茶叶，以免出现茶水发白这种失礼现象。换茶叶应当得到客人的同意，但即使是客人坚持对茶叶继续进行冲泡，也应当在一至两次之后做出更换。大型会议上在三次续水后，再续水时建议将白开水改为续茶水，这样就能做到不失礼了。

第四节　民族茶礼茶俗

案例导入

老袁是一名茶商，平日里特别喜爱喝茶，同时也对各民族不同的茶礼茶俗特别感兴趣。他在各地经商过程中，发现人们的饮茶习惯都差距很大，少数民族各具特色的饮茶方式与待客之道让他记忆深刻，比如在云南大理时，白族同胞用最出名的"三道茶"接待他们，礼遇非常；在雪域西藏，藏族姑娘端出打得细腻均匀的酥油茶和糌粑供所有人品尝，茶香与奶香交融，回味无穷；而最神奇的是在丽江的奇遇，老袁当时正逢感冒，一位热情的纳西族汉子特意为他制作纳西族特色茶饮"龙虎斗"，冰冷的酒与滚烫的茶在碗中激烈碰撞，香气四溢，老袁喝下后，身体很快就暖和起来，感觉神清气爽。据说，这"龙虎斗"正是纳西族人治疗感冒的秘方……

饮茶，并不仅仅是汉族人的专利，在我国56个民族中，除了中国东北地区的赫哲族人较少饮茶外，其余各民族都有悠久的饮茶历史。茶是各民族兄弟姐妹日常生活中不可或缺的饮品，更是用于款待朋友、宾客的高级礼遇。

中国自古地大物博，因各民族聚居地的地域、气候、物产和民族文化内涵等有极大差异，形成了具有强烈民族特色的制茶方式，比如擂茶、烤茶、奶茶、酥油茶、油茶等。茶饮风味也不尽相同，藏族、维吾尔族爱喝甜茶，纳西族好饮盐巴茶，佤族偏爱苦茶，土家族、苗族、侗族的打油茶更有着鲜、香、辣等口味。

在漫漫历史长河中，茶之良性与人之情怀相互交融，衍生出各族人民特有的饮茶习俗。虽然形式各异，但相同的是中华民族以礼待客的优良传统，是对美好生活的殷切期盼，处处体现着人与自然之间美妙而和谐的连结。本节将介绍最具代表性的民族茶俗，使学习者能够身临其境般地体会这有趣的民族习俗，及其所代表的中华民族深入骨血的"礼"文化。

一、白族的三道茶

位于中国西南边陲的云南省，在战国时期是滇族部落聚居之地，北回归线穿过省境南部，东临贵州、广西，北接四川、西藏，西通缅甸，南达老挝，东南方与越南隔江相望，特殊的地理与气候条件，使它成为人类文明重要的发祥地之一，也是茶叶的故乡。而苍山下、洱海边的大理是白族发祥地，素有"礼仪之乡"美称。白族三道茶，则是其中最具代表性的礼俗文化，富含人生哲理与意趣。三道茶，白族话称它为"少稻早"。最初它只是白族用来作为求学、学艺、经商、婚嫁时，长辈对晚辈的一种祝愿，后发展成为白族同胞的待客礼俗。明代地理学家、旅行家、文学家徐霞客曾在《滇游日记》中描述大理的饮茶风俗："注茶为玩，初清茶，中盐茶，次蜜茶。"

三道茶有两种。一种是平日招待常客的烤茶，将小砂罐烤烫，再加入沱茶或粗茶，用文火把茶烤至微黄发泡、散出香气后，加入适量沸腾的开水。这时茶水在罐中发出"噗哧噗哧"的响声，极似春雷阵阵，故当地人又称此茶为"雷响茶"。待茶水融合后，将沸腾的茶水倒少许于茶杯中，再兑入适量开水，即可敬奉给客人饮用。在给客人敬献三道茶时，要"双手端茶，俯首弯腰"，以示庄重和敬意，客人同样双手接过。用"雷响茶"敬客通常都要敬三杯，意为"头品香，二品味、三解渴"，因此称为三道茶。

另一种多出现于隆重场合。一道茶（又称头道茶）是苦茶，即雷响茶，制作方法与烤茶基本相同，通常只敬半杯。此茶闻来焦香袭人，滋味浓醇苦涩，饮过之后能提神醒脑、畅快非常，预示着"要立业、要做事，先吃苦"的人生哲理。二道茶即甜茶，以白族特色乳制品——乳扇——为主要配料，将乳扇烤干捣碎，加入红糖、核桃仁薄片、芝麻等配料，最后

雷响茶

(图片来源：http://a.mini.eastday.com/a/171107165126566.html)

冲入茶水。二道茶香甜滋润，乳香浓郁，寓意为"人生先苦后甜""吃得苦中苦，方为人上人"。三道茶即回味茶，制作时先将蜂蜜、花椒、姜片、桂皮末、松果粉等按比例放入杯中，再冲入热茶水。此道茶有蜂蜜的甜，花椒的麻，姜片、桂皮末的辣，茶叶的清香、微苦，喝起来各味俱全，正是"酸甜苦辣一杯中，漫漫人生回味长"的最好呈现。

白族的三道茶

(图片来源：http://a.mini.eastday.com/a/171107165126566.html)

  白族三道茶，"一苦二甜三回味"，正是白族先贤向后辈们传递的人生哲理，年轻时要能吃苦、善吃苦，甜蜜的日子是努力奋斗的回馈，只有尝过何为"苦"，才懂得珍惜来之不易的"甜"。最后一道回味茶，酸甜苦辣咸味味俱全，尝过个中滋味，历经沧桑，方知人生如茶，苦而回甘，淡久生香。三道茶代表着白族人民礼敬四方宾客的热情诚心，代表着他们世世代代对美好生活的无限热爱，对自然的尊重以及对生命历程的理解与感悟。

二、纳西族的"龙虎斗"茶

丽江，坐落于云南玉龙雪山之下，位于云南省西北部云贵高原与青藏高原的衔接地段，是纳西族的聚居地。纳西族有着悠久的历史及丰富的传统文化，茶一直以来都在纳西族同胞生活中扮演着重要角色，传统的饮用习俗有油茶、煨罐茶、盐茶、糖茶等，最有特色的则是"龙虎斗"茶。

"龙虎斗"在纳西语中的原名为"阿吉勒烤"。制作"龙虎斗"茶时，通常用自然粗犷的土陶具，先将一只拳头大小的陶罐放在火上烤热，再加入茶叶烘烤，茶叶一般选用普洱生茶，烘烤过程中不停抖动陶罐，使茶叶均匀受热，避免烤糊。待茶叶烤至焦黄、香气四溢时，立即向罐中注入开

烤茶

（图片来源：http://www.sohu.com/a/111480925_184829）

水，顿时茶汤滚沸，泡沫涌动。待泡沫溢出后，再次冲入开水，稍过一会儿茶就煮好了。纳西人常用家中自酿的米酒、苞谷酒，气息浓郁芬芳，口感甜润，酒精度数恰好，将煮好的热茶倒入盛酒的茶盅里，茶为"龙"，酒作"虎"，冷酒热茶相遇，如龙虎相争，立时发出悦耳的响声。纳西人将这响声看作是吉祥的象征，响声越大，预示着生活越红火。响声过后，茶香、酒香四溢，茶汤色泽澄黄，焦黄的茶叶沉落在杯底，酒香浓烈，茶香馥郁，酒与茶混合后，茶之清苦与米酒之甘甜彼此拥抱着滑入喉咙，滋养肺腑。还可以在酒盅里加上一个辣子或些许花椒，其味道则更加独特。一杯茶酒厚实地沉入腹中，饮者周身发汗，四体通泰，无比舒畅。

"龙虎斗"茶具有良好的祛寒解表功效，是纳西族人治疗感冒的"秘方"。李时珍《本草纲目》记载："治寒痰咳嗽时，用烧酒四两，茶末四

两,另猪脂、蜜、香油同浸酒类,煮成一处,每日挑食,以茶汤送服。"而"龙虎斗"的名称,则来源于道家之言,茶性凉属水,是以水为"龙";酒性热属火,因将酒作"虎";茶冲入酒,故谓"龙虎斗"。中医认为,饮用"龙虎斗"茶能鼓舞人体之阳气,祛除阴寒之邪。

千百年来,纳西族同胞在与自然相处的过程中,发现了茶与酒的妙用,与中医理论不谋而合;同时,纳西族也吸收了传统中国文化的精髓,处处体现着中华民族的大融合、大团结。出自壮阔雪山的这对龙虎,即便是在今天,依然也继续着一番惊心动魄的传奇。

"龙虎斗"茶

(图片来源:http://www.sohu.com/a/111480925_184829)

三、藏族的酥油茶

喝酥油茶是藏民的传统习俗。生活在高原上的人们,由于饮食种类比较单一,多食用肉类、奶制品等,少有蔬果,缺乏维生素的摄入,因此,

藏族的酥油茶

茶成为了人们均衡饮食结构、消食解腻、补充维生素的必备之品。藏族有着"宁可三日无肉,不可一日无茶""一日无茶则滞,三日无茶则病"的说法。藏民每天都要喝茶,主要是酥油茶、奶茶、盐茶、清茶几种形式。藏民最喜爱的是酥油茶,往往是早晨起来后饮用一碗热腾腾的酥油茶,温

暖身体，补充能量。中午以后一般喝不加酥油或牛奶的清茶。在接待尊贵的客人时，主人家总是用一碗亲手打制的、醇香柔滑的酥油茶，向客人表达敬意与礼遇。

知识链接

传说，酥油茶是唐代文成公主创制的。文成公主去西藏时曾带去茶叶，她亲制奶酪和酥油，加上茶，配制成酥油茶，赏赐大臣饮用。由于藏族同胞大多信奉喇嘛教，当喇嘛祭祀时，虔诚的教徒要敬茶，有钱的人要施茶。他们认为，这是"积德""行善"，所以在西藏的一些大喇嘛寺里，多备有一口特大的茶锅，遇上节日就向信徒施茶，算是佛门的一种施舍，至今仍随处可见。

酥油茶一般是用黑茶煮制的，主产地为四川、云南、湖南、湖北、广西等地。黑茶具有消食解腻、促进消化的作用，并且耐存放，能够长途运输，方便保存。煮茶时，一般先将紧压成砖、块、饼或柱状的黑茶撬开成小块，使茶汁易于浸出，然后将其投入烧开的水中，熬成浓浓的茶汁，滤去茶渣后，倒入专用的陶罐中备用。酥油是类似于黄油的一种乳制品，是从牦牛奶或羊奶中提炼出来的脂肪。藏族人民最喜食牦牛产的酥油，夏、秋两季所产的牦牛酥油，色泽鲜黄，味道香甜，口感极佳。提炼酥油的过程俗称为"打酥油"，挤出的鲜奶经过滤后，要先放在酥油桶内轻微发酵，才可以用来打制酥油。打酥油的传统工具是酥油桶，除了木质的桶身外，还有一块略小于木桶内径的厚木板，上有五个三角形或方形的孔，其中四孔对称分布在木板上，中间的方孔上固定着一根一握粗、高出桶1尺左右的木棍，称为"甲洛"；一般还有一个与桶外径相等的木盖，"甲洛"柄从中央的圆孔中伸出，木盖反面有几根木条，使之能稳定盖在木桶上，保持桶内洁净。打制酥油时需要不停地上下抽压"甲洛"，力度要均匀，使轻微发酵的乳汁在急剧的动荡中水乳分离。大约两小时后酥油从液体中分离，浮在表层，此时需要小心地把酥油捞起，放入盛凉水的大盆里。在凉水中用两手反复捏、攥，直至除净酥油团中的脱脂奶，拍成扁圆或方形的坨团保存。

备好酥油和茶水后，就可以开始打酥油茶了。加入适量酥油，还可根据需要加入炒熟研碎的核桃仁、花生米、芝麻粉、松子仁等，以及少量的食盐、鸡蛋等。接着倒入茶水，用木杵在圆筒里上下舂打。根据藏族的经验，当舂打酥油茶时，茶筒内发出的声音由"伊啊、伊啊"转为"嚓伊、嚓伊"时，表明茶汤与酥油已混为一体，水乳交融，此时，酥油茶才算打好了。在西藏，几乎家家户户都有火塘，酥油茶壶从早到晚都煨在火塘上，火塘的燃料一般使用晒干的羊粪。酥油茶不宜用明火加热，因为一旦开沸就会油茶分离，变得难以下咽；但若是放凉了，则茶中的酥油会趋于凝固，影响口感。羊粪火是暗火，用来加热酥油茶，不易冷却，又不会开沸，很适合藏家人的生活需求。

藏族的精致茶碗

（图片来源：http://www.nipic.com/show/2063785.html）

藏族喝酥油茶自有一套礼仪。喝酥油茶用木碗，一般涂了红漆，扁状，极似香炉，讲究的会镶以银饰。一般是边喝边添，不能一口气喝完。主人总是随时把客人碗里的酥油茶填满。假如你不想喝，就一口别沾；假如喝了一半，再也喝不下了，主人把碗里的茶添满，就摆着不动，客人告辞时再一饮而尽，这才符合藏族人民的习惯和礼貌。

酥油茶是藏族人必备的饮品，蕴含着他们浓烈质朴的情感。也许语言不通，抑或习惯不同，但正是中国传统的"以茶为礼待佳客的传统"，让不同民族的人们如同茶遇水而清、遇奶而醇，虽相异，却相融。一份诚挚的真心，让相遇变得美好。正如一首西藏民歌这样唱道：

"茶叶离不开酥油，酥油融化后茶香而浓，要像茶叶和酥油，我们一起融化在酥油茶中。"

四、蒙古族的咸奶茶

在中国北部的广袤草原，是彪悍勇猛的蒙古族人世代居住的地方。牧民们驰骋草场，性格豪迈大气，饮茶也具有强烈的民族特色，有"好马相随三年，好茶相伴一生"之说。一碗热气腾腾、富含营养的蒙古族奶茶，从古至今，从春夏至秋冬，从清晨到日暮，都是蒙古族人爱不释手的饮品。虽然现在蒙古族人熬制奶茶用的是砖茶，但在茶叶还未传入北方之前，早期的蒙古奶茶原料则多种多样。那时，牧民们常常采集一些植物的

蒙古族的咸奶茶

（图片来源：http: //chaye. 3158. cn/img/20151117/193. html）

根、茎、叶（如柞树叶、山丁果叶、黄芪、覆盆子、木香花等）来治病，后又发现这些植物不仅可以治病，清饮或煮成奶茶也是很好的饮品。宋代以后，人们组织了大规模的茶马互市交易，以茶易马，使得茶叶从南方传入北方。而砖茶滋味浓厚香醇，口感柔滑，用来煮奶茶风味独特，内含维生素、儿茶素、无机盐等。长期饮奶茶，可以为长期以肉类、奶类为主食的牧民解除疲劳，增强食欲，帮助消化。

蒙古族人常喝的茶有黑茶和奶茶。黑茶即不添加牛奶的茶，蒙古语叫作"哈尔查依"；而奶茶则是蒙古族人最爱的饮品，蒙古族人熬奶茶所选用的茶叶有多种，大多压制成砖茶，有方形和圆形，也叫作紧压茶，方便长途运输和储存。用砖茶熬制出来的奶茶，与鲜奶完美地融合在一起，茶香浓郁，入口甘醇。制作奶茶的过程看似简单，实则相当讲究。在煮奶茶前，要先将锅洗净，否则茶叶就会褪色变味。不能在剩茶基础上再煮新茶，否则茶叶会因为重复熬煮而产生苦涩味。煮茶用水也很讲究，必须是新打的水，水里不能有杂质或碱性过大，否则易使茶叶褪色变味；若水质

较软的话，则应加入少量的纯碱（如用雪水或河水煮茶，也需要加一点碱）。据称，碱能增加茶的浓度，使茶味更浓厚。煮茶之前，先将砖茶撬成小块，待水烧开之后再投入茶叶。煮茶要掌握一定的火候，煮茶过程中不能断火，更不能使用有异味的燃料，待熬出茶色、茶香阵阵时，再将鲜

熬制咸奶茶

（图片来源：http://www.chalook.net/doc/201403/3139.shtml）

奶倒入。若在茶没有煮好之前就加入鲜奶，则会影响茶的味道。至于鲜奶，可用牛奶、羊奶、马奶和骆驼奶，以牛奶为上，羊奶次之，也有的地区用马奶和骆驼奶。鲜奶入锅后，煮沸即可饮用，否则长时间熬煮会使牛奶老化，失去鲜甜的滋味。煮茶过程中还可以加入各种佐料。不同地区蒙古族人奶茶制作方法有差异，所用的佐料也就不同，一般加入黄油渣、稀奶油、小米、奶皮子、黄油等。最后，再根据个人口味加入少许盐或糖调味。如今，人们熬制奶茶时选用茶叶的种类更多（如红茶、普洱茶、青茶等），也更高级。选择不同的茶叶，可以熬制出来各色风味不一，但都香滑爽口的奶茶。

在蒙古族同胞眼中，茶是"仙草灵丹"；在过去，一块砖茶甚至能换到一只羊或一头牛。一直以来，草原上都有"以茶代羊"馈赠朋友的风俗礼节。而在蒙古族牧民家中做客，也有着约定俗成的礼仪规范。主客的座位按男左女右排序，贵客、长辈按主人的安排在主位上就座。入座后，主人斟上醇和的奶茶，放些许炒米，用双手恭敬地捧起，从贵客长辈开始，各敬每人一碗奶茶。客人要用右手接碗。如果想少倒茶或不想喝茶，那么

可以用碗边轻轻地碰一下勺子或壶嘴,主人就会明白。

喝茶礼先行。无论在什么地方,礼仪文化总是与茶相伴而生的。虽然蒙古族的饮茶礼仪并不复杂,但是却具有特色鲜明的文化内涵。茶之味或浓或淡,但都蕴含着"客来敬茶"这一简单的道理,其背后则是千百年来浸润着中华民族灵魂的礼文化。

五、苗族的油茶

聚居于云南、贵州、湖南、广西等地的苗族,有着悠久的种茶、饮茶历史,饮茶成俗。茶作为他们寄托或表达思想感情甚至哲理观念的载体世代相袭。苗族茶俗既是苗族同胞的一种生活方式,也是生活理念的体现。在苗族人日常衣食住行、婚丧嫁娶、生老病死、节庆娱乐等社会活动中,处处离不开茶。

苗族的油茶

(图片来源:http://bbs.tianya.cn/post-990-6978-1.shtml)

苗族孩子出生时,左邻右舍用带有露水的茶芽梢作贺礼。如果生的是男孩,就送一芽一叶的芽梢;如果生的是女孩,则送一芽二叶的芽梢,寓意"一家有女百家求"。苗族人以茶为聘,象征男女爱情忠贞不渝。"吃茶"是订婚的代名词。未订婚的女子必须恪守"一女不吃二家茶"的规矩。苗族男女的婚配要有"三茶":媒人上门,沏糖茶,表示甜甜蜜蜜;男青年第一次上门,姑娘送上一杯清茶,以表真情一片;举行结婚仪式的当日,以红枣、花生、桂圆和冰糖泡茶,送亲友品尝,以示早生贵子、生活和美。

苗族人饮茶方式很多,但最使人称奇的是饮"虫茶"和吃"八宝油茶汤"。湖南省西南部的城步苗族自治县是苗族聚居的大山区，这里的苗族人几乎天天喝油茶（又称油茶汤）。这种油茶兼具咸、苦、辛、甘、香5种味道，所以又称五味油茶。由于在制作过程中有一段"打"的程序，所以又称"打油茶"。五味油茶油而不腻，既可以解渴充饥，又能驱瘴除疠。苗族人对油茶汤情有独钟，有"一日不喝油茶汤，满桌酒菜都不香"的说法。制作油茶需选黄豆、玉米、板栗、核桃、蕨巴团、花生米和蒸熟晒干的糯米，分别倒入锅中，用茶油炒熟后盛在碗里。另外把茶油倒入加热的锅中，待油熟后，加进一瓢水，将捣碎的茶叶、姜末、盐等投入。再用木勺在湿透的茶叶上不停地拍打，渐渐的那鲜美的褐色茶汁便被"打"出来了。招待客人时，在茶碗中放上事先炒好的米花、花生米等，再冲进滚滚的茶汁。如果是贵客，有的还添加一些鸡汤或鸭汤，以示敬意。这时，苗家女主人便在红漆茶盘里摆好茶碗，每只碗里放些炒好的各种茶料，泡入

制作油茶

（图片来源：http://bbs.tianya.cn/post-990-6978-1.shtml）

一勺油茶汤，再撒上葱叶、芫荽、胡椒粉等作料，就做成了清香脆辣的五味油茶。五味油茶又称八宝油茶汤。其实，"五味"与"八宝"均不是实数，只表示在油茶汤中加进多种作料的意思。苗族人相当好客，客人一进门，先要以八宝油茶汤款待。"打油茶"不仅味美茶香，还有"一碗盗，二碗贼，三碗四碗才是客"的说法，所以客人要连喝4碗，以表示对主人"四时如意"和"四季平安"的美好祝愿。客人喝茶时，热情好客的主人会给每位客人一支筷子。如果喝过4碗后不想再喝了，就把筷子架在碗上；否则，主人会不断地向你的碗中添加油茶，一直陪你喝下去。如果客人也是苗族人，能歌善舞的他们会在适当的时候唱起感谢的茶歌，美妙动听，气氛非常融洽。油茶不仅仅是苗族人的专利，湘西侗族、瑶族都有独特的

喝油茶的饮食习惯，并且都好客，都喜欢以油茶招待客人。不过，其茶俗却大不一样，可以说是实实在在的"十里不同天，隔山不同俗"。

一碗喷香可口的打油茶，是苗族人在长期的饮茶过程中，形成的丰富多彩、意蕴深厚、特色鲜明的苗族茶俗。茶，在苗族人的生活中扮演着极为重要的角色，小到一日三餐、日常起居，大到节庆集会、祭祖祭祀，往往都离不开这一片小小的树叶。茶传递的是待客的热情、诚挚的祝福和虔诚的心愿，而正是这神奇的嫩芽，将人们的情感紧紧地联系在了一起。

六、土家族的擂茶

土家族，主要分布于江西、湖南、四川、贵州的武陵山脉一带，有"八千奇峰，三百秀水""芳草鲜美，落英缤纷"之誉，自然环境优越，气候宜人，适宜茶树生长，自古都是名优茶的重要产区。而生活在这灵山秀水间的土家族，世代相传着一种古老的吃茶方法，那就是喝擂茶。

土家族的擂茶

（图片来源：https://www.toutiao.com/i6521276634643825159/）

生活中，土家人处处离不开茶：渴了要喝茶，饿了要吃茶，待客时要敬茶，重要节日也离不开茶。不同地区的土家人饮茶有不同的风俗习惯，主要有：罐罐茶、盐茶、阴米茶、擂茶等。其中的擂茶，是土家人款待客人的最高礼仪。擂茶，又称"三生汤"，一说擂茶最初是用新鲜的嫩茶叶，再搭配生米、生姜，用特质的研钵将三者研捣成细腻糊状物，然后再加水煮熟或直接用沸水冲熟。所用的三种原料都是生的，故名"三生汤"。现在的土家族制作擂茶用到的原料已经发生了很大的变化，除了生茶叶、生米、生姜外，一般还有花生、黄豆、猪油、红枣、芝麻、核桃、绿豆等，因此又称为"十全大补茶"。

制作擂茶时，同样先将各种原料按照一定的顺序放入擂钵内研细，擂钵内有齿纹，能将原料擂碾成均匀的糊状。而讲究的土家人，还会用山茶树或山苍子树制成擂棍，用这种擂棍擂出的茶会带有独特清香。擂好后，就可以放入开水中煮或者用开水冲熟。而水温和火候同样非常讲究，若火过大、水温太高，易使蛋白质过快凝固，冲出的擂茶不成乳状，影响口感。若水温太低则冲不熟，喝的时候不但没有香味，还会有一股青涩的生草味。最后用竹篾编的笊篱滤去茶渣，只喝细腻的乳浆。也可省去过滤的步骤，这样喝来柔滑的乳浆中带着颗粒感，味觉体验更加丰富，也更有饱腹感。

喝擂茶时可以加少量的糖和盐来调味。甜味的擂茶经过短时间的冷冻，在夏天是一道非常美味的消暑甜品；咸味的擂茶可以配上各种小菜，天气太热没有胃口时，一碗擂茶可以补充身体所需的能量和营养，可当作正餐食用。而不加调味料直接饮用的，初尝时虽然感觉滋味不甚好，但细细品尝后，反而更有一种"天然去雕饰"的自然美感，茶之清香、米之质朴融为一体，自是一番别样滋味，让人难以忘怀。

第五节　国外特色茶礼

案例导入

诗语是一名中国留学生。她在英国的几年，着实感受到了英国人对礼仪的重视。无论是他们得体的打扮，还是优雅的言谈举止，无一不展现出英国人的绅士与淑女作风。有一天，诗语的英国朋友邀请她一同参加一场传统的英式下午茶聚会，诗语心里高兴极了。她一直都向往着参加一次代表高贵和优雅的下午茶，于是她爽快地答应了。这天，诗语精心打扮后，与朋友一起来到下午茶会场。与主人礼貌地寒暄后，朋友带诗语入座了。不一会儿，主人就端来了热腾腾且香气四溢的茶汤，还有牛奶、蜂蜜、点心等，以供客人品尝取用。诗语也照着朋友的样子向细腻的白瓷杯中倒入热茶，再加入牛奶和蜂蜜进行搅拌。银勺和杯身轻轻撞击，发出"叮咚叮咚"的悦耳响声。没想到同桌的客人突然全都看向诗语，诗语一时感到疑惑而又尴尬。好在朋友轻声提醒到，拌茶汤时勺子是不能磕碰到杯身的，这样会显得不礼貌。诗语这才恍然大悟。看似简单的动作里，却包含着满满的传统礼仪，如果不去了解其背后的文化和历史，难免会出现失礼的举动。

中国，是饮茶历史最为悠久的国家，但在全世界，同样有许多国家的人民都深深地被这神奇的"东方树叶"所吸引，如以严格的礼法著称的日本、韩国，以及有着优雅绅士的英国。而茶，虽打上了中国传统文化的深刻烙印，但在人们长期的实践中，又融入了其他国家本土的民族文化精神，从形式到内容，从内涵到精神，都随着时间的流逝不断变化、升华。虽然如此，但看上去相差甚大的中、日、韩、英四国茶文化，却有着相同的宗旨，那就是礼。"以礼待人，以和为贵"，无论走到哪儿，都是茶最重要、最基本的精神内涵。本节将介绍日本茶道、韩国茶礼、英国下午茶的前世今生，领略不一样的茶礼仪。

一、日本茶道

中国和日本是一衣带水的邻邦，日本茶道是中国茶文化的传承与发扬。从日本茶道讲究的"四谛"——和、静、清、寂，可以看出其深受儒教、道教、佛教的影响。在中国唐代，经济空前繁荣，各国文化相互交流和影响。日本遣唐使从中国引入佛教和茶文化，在"禅"的影响下，茶进入了日本社会各阶层，逐渐形成了以"禅"为中心的日本茶道。这不仅仅是日本文化的象征，更是日本人心灵的寄托。

日本茶道

（图片来源：http://cul.qq.com/a/20160125/046581.htm）

（一）日本茶道创立

中国茶叶和饮茶文化的传入，并没有立刻使日本广泛种植茶叶，饮茶也仅局限于皇室、贵族和僧侣。在荣西禅师将茶叶引进日本很多年后，随着百姓的普遍加入，日本茶文化开始逐步形成自己的特色。

村田珠光（1423—1502）被认为是日本茶道的开山鼻祖。他在参悟"佛法即在茶汤之中"的禅机之后，开始对当时日本茶会中过度的娱乐性进行一系列反思。随着茶会在民众中普及，娱乐性不断增强，"汗淋茶会"就是其中之一。它派生于"云脚茶会"，是下层民众在夏季大汗淋漓之时，一边洗澡一边饮茶的活动。村田珠光认为茶会正在产生一些不符合茶之本性的恶习，于是开始了对茶会的改造。村田珠光主张禅茶结合，开辟了"茶禅一味"的品茶意境，并创立了草庵茶，这就是日本茶道的直接发端。

在此基础上，日本茶道集大成者千利休（1522—1591）创造了日本茶道之美的完整艺术体系。千利休指出，"须知茶道之本不过是烧水点茶"，提出"以规则法式为台阶"进行"造境"，实现"在一个长揖不拜空间里达到无一物无用，无一物不适，无一物无趣，无一物不美。而此处之用、适、趣、美，又不是孤立的，而是多能兼具于一物"。借此实现一种茶道的美学：一是非世俗所谓美之美；二是从世俗中抽出美，即用自己之心去发现美；三是承认美是可以创造的。千利休在前人理论和实践的基础上，创立"千家流"茶道，成功地将饮茶由娱乐社交活动升华为一种新的"信仰"，赋予了茶道独有的民族文化内涵，追求茶道的至真、至简、至美。

千利休之后，日本茶道出现了许多流派。这些流派的共同特征在于：一派之主的传承多用世袭制，标志着家族性进入了日本茶道之中，在日语中称作"家元制度"，在日本茶道的传承与推广方面起了积极作用。

（二）日本茶道中的"礼"

茶道的表达需要具体程式和场景的呈现，茶会依旧是日本茶道最主要的表现形式。举行茶会的地方叫作"茶苑"，分为"茶室"和"露地（茶庭）"两部分。茶室，又名本席、茶席，指饮茶的房间或举行茶事的场所。独立建造的茶室一般筑于清幽雅静的山郊之外，搭配富有野趣的庭院。悠远的山林和静谧的庭院相配，强化了茶道本身追求的自然、和谐之境界。

"露地"，也称"茶庭""露次""露路"，是指通向茶室的路，是茶室所营造的世界与外部世界的连结和过渡，其意义在于帮助客人完成从闹市到净土的精神转换。同时，露地也是主人迎接客人的地方。"露地"凸显了佛家思想对日本茶道的深远影响。《南方录》载："露地一词得名于《法华经》中：长者褚子，出三界火宅之外，坐露地之中。""露地之名综括了草庵茶寂灭的境界，是一身清净无一挂碍的境界。……露地是千利休居士之远离世间尘劳垢染、表露清净心境的本意所在……"，它代表着茶室对于茶人的意义，就是这世间一方脱凡尘、无俗事的清净天地。

日本茶室

（图片来源：http://tupian.baike.com/86467/20.html?prd=zutu_next）

日本茶道中茶会的正式程序：一是通过露地来到茶室，其间要沿"飞石"，先来到一处叫作"蹲踞"的地方，那里有盛满清水的设施，要在这里洗手漱口，然后继续前行。二是进入茶室，按主次顺序依次进入，再拜览茶室中的挂轴、插花、风炉等，此时茶会主人（也称作"亭主"）与宾客会面。三是"炭点前"，即调整炭火，以便让温度适宜。四是品尝怀石料理。"怀石料理"又称"全素菜肴"。当然，也有一些茶会并不布置怀石料理。五是品尝点心，用过怀石料理之后，主人依次向客人进茶点。一般而言，如果是"浓茶会"，就会进鲜点；如果是"薄茶会"，就会进干点心。六是点茶前，主人把末茶放入茶碗，用茶筅"打茶"，并依次进献给客人，这是茶会最关键的程序。七是欣赏茶道器具，即当主人点茶完毕，正客要带头提出欣赏、拜见茶道器具的要求，并与主人进行语言互动。

在日本上茶礼仪中，饮茶者和煮茶者之间的和谐尤为重要。饮茶者不仅仅处于一个简单的客体地位，还要主动以"礼"待人、知"礼"懂"礼"，遵守茶室的一切规范。尤其是在煮茶师煮茶之时，做到不言不语，正坐，仪表端庄等。这实际上反映了儒家思想中的"秩序"观念，即"非礼不成"的观念。"礼"在日本上茶礼仪之中内化为一种节制、恭敬和退

日本点茶

（图片来源：http：//tupian.baike.com/86467/20.html?prd=zutu_next）

让的态度。煮茶者同饮茶者要互相礼让，做到谦和、守礼，贯穿始终的就是一个字"和"。煮茶者作为主人，在客人到来之前就要准备各种茶具、坐垫，并打扫茶室，沐浴更衣，以良好姿态等待客人来临。在日本上茶礼仪之中，主人对于茶具往往都有着近乎偏执的审美志趣，茶碗重量也经过精心测量。同时，茶室内部的环境是否干净，熏香是否浓淡适中，插花是否应景，等等，都成为日本上茶礼仪之中"以和为贵"的表征。在饮茶过程中，除了不可避免的问答之外，饮茶者和煮茶者都应当做到少言少语，尽可能将身心放到大自然之中，体会人、茶、自然"三位一体"，这也是人与自然之间和谐相处的表现。

二、韩国茶礼

韩国自古是礼仪之邦，与中国陆路相连，交往甚密，常有使节、商贸往来。据传说，中国茶最早先传入朝鲜半岛，随后才传入日本。中国茶随着使节、传教士、僧侣等传入韩国后，首先被皇室、贵族阶层接受，后来逐渐普及至普通民众。韩国重视儒学，以注重礼仪、尊崇文化而闻名于世，以"礼"教化、引导民众。中国茶文化在传入韩国之后，经过发展、变革才形成了今天的韩国茶礼。而在历史发展过程中，韩国茶礼历经沧桑，几度濒临消失，又几度获得复兴，直到今天，韩国茶礼依旧是盛开在"君子之国"的一朵"礼仪之花"。

韩国茶礼

(图片来源：http://www.dadunet.com/94-101-view-101-201104-37645-1.html)

(一) 韩国茶礼的发展

新罗时期，朝鲜半岛逐渐接受了中国茶文化。唐代盛行的煎茶道，首先传播于新罗上层社会和僧侣之间，主要作为祭祀或佛教茶礼出现。当时的茶价格昂贵且稀少，并非普通民众所能接触。

高丽王朝在朝鲜半岛延续近500年，对应中国后唐、宋代、元代，直至明太祖时期。高丽时期的朝鲜半岛经济繁荣、国力昌盛，人民安居乐业，茶文化的发展也进入全盛时期。饮茶方式也从早期流行的煎茶法发展为点茶法，并形成了具有自身特色的茶礼，形成并普及于王室成员、上层官僚、寺庙僧侣和平民百姓中，主要有官府茶礼、禅宗茶礼、儒茶礼、道茶礼、平民茶礼等。

1. 官府茶礼

据《高丽史》记载，高丽官府茶礼有以下9种：燃灯会、八关会、重刑奏对仪、迎北朝诏使仪、贺元子诞生仪、为太子分封仪、为王子王姬分封仪、公主出嫁仪和为群臣设宴仪。

2. 禅宗茶礼

高丽的僧人以中国佛教清规中的禅宗茶礼为基础建立了韩国禅宗茶礼，分小礼、大礼、灵山作法三种。

3. 儒道茶礼

在郑梦周、赵浚、李崇仁等的传播与推广之下，高丽逐渐接受了以明代朱熹《家礼》为依据的儒家茶礼，主要在人生四大礼仪中使用，即男性成年礼（冠礼）、婚礼、丧礼、祭祀（祭礼）。

4. 道教茶礼

道教茶礼，是以白瓷的茶盏、茶碗（上有绿色的"茶"字）为主要道具，用饼、茶汤、酒作为祭品来祭祀诸路神仙，还要以冠笏礼服行祭并焚香百拜。

另外，在高丽时代，茶已成为平民百姓日常生活中可交易的常用品之一，可以说完全融入了百姓的生活之中。他们在冠礼、婚丧、祭祀等仪典中都会以茶行礼，借以表达真切的祝福，抑或是诚挚的祈愿。

十五六世纪，李氏朝鲜早期受明代茶文化影响，瀹饮法（散茶冲泡法）盛行，随着饮茶方式的变革而兴起的紫砂茶具也随之传入。李氏朝鲜中期，饮酒风气的盛行对饮茶之风也造成了很大的冲击，而清军的入侵也使得韩国茶文化一度衰落，甚至濒临消失，至李氏朝鲜晚期才再度兴盛。

日俄战争之后，日本占领朝鲜，并在朝鲜推行日本茶道，使韩国传统茶礼再次受到冲击。而后几十年的战争也对韩国茶文化的发展造成了极为不利的影响。但在战后，韩国人民为恢复其传统茶文化倾注了无数的心血，使韩国茶礼再度复兴。

（二）韩国茶礼中的"礼"

当今的韩国茶礼以"和、敬、俭、真"为宗旨，其核心精神是"敬、礼、和、静、清、玄、禅、中正"，特别推崇"中正"思想。"中正"意味"既不多余，也不缺少"，是儒家中庸思想的反映和体现。韩国茶礼分为仪典茶礼和生活茶礼两大类。

1. 仪典茶礼

仪典茶礼是指在各种正式的仪式、仪典中举行的茶礼。在韩国，每年5月25日都会举行茶文化祝祭，其主要内容有韩国传统茶礼表演、成人茶礼、高丽五行茶礼、陆羽品茶汤等。

五行茶礼是韩国国家级的茶礼仪式，要设祭坛、五色幕、屏风、祠堂、茶圣炎帝神农氏神位和茶具。参与者多达50余人，有严谨有序的入场顺序。入场式开始由茶礼主祭人进行题为"天、地、人、和"合一的茶礼诗朗诵。这时，身着灰、黄、黑、白短装，分别举着绘有图案的红、蓝、白、黄四色旗帜的四方旗官进场并立于场内四角。随后依次入场的是：身着蓝、紫两色宫廷服饰的两名执事人，高举着圣火（太阳火）的两名男士，手持宝剑的两名武士。执事人入场互相致礼后分立两旁，武士入场要做剑术表演。接着是两名中年女子持红、蓝两色蜡烛进场献烛,两名女子献香,两名梳长辫并着淡黄上装、红色长裙的少女手捧青瓷花瓶进场,另有两名献花女将两大把艳丽的鲜花插入青花瓷瓶。这时,五行茶礼行者共10名妇女进场,皆身着白色短上衣,穿红、黄、蓝、白、黑色长裙,头发梳成各式发型均盘于头上,成两列分坐于两边。五行茶礼行者用置于茶盘中的茶壶、茶盅、茶碗等茶具表演沏茶,沏茶完毕后全体分两行站立,分别手捧青、赤、白、黑、黄色的茶碗向炎帝神农氏神位献茶。献茶时,由五行献礼祭坛的祭主(一名身着华贵套装的女子)宣读祭文祭奠神位毕,即由10名五行茶礼行者向各位来宾进茶并献茶食。最后由祭主宣布五行茶礼祭礼毕。这时,四方旗官退场,整个茶祭结束。

2. 生活茶礼

生活茶礼是指韩国人在日常生活中用于接待宾客所用的茶礼,类似于中国今天的生活茶艺。主要类型有"末茶礼""饼茶礼""钱茶礼""叶茶礼",并以"叶茶礼"最常用,分为迎宾、温具、冲泡、品茶等步骤。

韩国生活茶礼

(图片来源:chinese.korea.net)

迎宾:客人光临时,主人要到大门口迎接,并表示欢迎与荣幸之意。宾客以年龄高低为序,随主人进入茶室。入座时,主人首先要面东南向,再次向来宾表达欢迎之意后,面向西边坐下,宾客则面向东边坐下。

温具:泡茶之前,先折叠茶巾放在茶具左边,然后向茶壶中倒开水,再将茶壶中的水分别平均注入茶杯,进行温杯烫盏。最后将温杯之水倒入退水器中。

沏茶:主人用茶匙将茶叶舀入壶中。明代张源《茶录》记载,不同的季节需采用不同的投茶法。一般春秋季用中投法,夏季用上投法,冬季则用下投法。冲泡好后，将茶壶中的茶汤按自右至左的顺序，分三次缓缓注入杯中。茶汤斟至杯中六七分满。

品茗：分茶后，主人以右手举杯托，左手把住手袖，恭敬地将茶奉到来宾的茶桌上，再返回自己的茶桌前捧起自己的茶杯，对宾客行注目礼，并说"请喝茶"。宾客回答"谢谢！"后，宾主即可一起举杯品饮。同时，主人会请来宾品尝各种茶点、糕饼、水果等清淡的茶食。

现如今的韩国茶礼，不仅作为传统文化的"古董"而被抢救和保护，而且是具有现实意义、符合时代精神的文化载体。韩国茶礼蕴含人文精神，尊重人的个体价值，提倡奉献和礼让，协调人际关系，提高韩国国民的文明修养。

三、英国下午茶

说起英国下午茶，人们首先想到的是优雅和精致的带有贵族气息的礼仪。时至今日，下午茶依旧是英国人日常生活中的一部分。据统计，英国人口虽然仅占世界人口的 1%，却消费了世界茶叶总产值的 7%。在英国有一句话是这样说的："当时钟敲响四下的时候，一切都应为茶而停止。"在英国人眼中，到了下午 4 点，无论你在做什么，都应该放下手头的事情，悠闲地喝上一杯香醇的下午茶，搭配传统点心，度过一段安逸、舒适、优雅的时光。

（一）英国下午茶的产生

英国最早关于茶的记录是在东印度公司驻日本平户岛代表 R·威克汉姆先生致该公司澳门经理人伊顿先生的一封信中。该信的最后几行内容是："伊顿先生，请求你帮我在澳门买一把可以冲泡最好品种茶叶的茶壶，两把漂亮的弓箭，大约半打可以平放在三桅小帆船里面、澳门生产的'罪过'盒。无论你花多少钱，我都愿意支付。……" 1658 年，英国《政治公报》上出现了第一个茶叶广告。

英式下午茶产生于维多利亚时代，这是英国最强盛的时期，经济发达，文化艺术快速发展，人们普遍追求一种精致的生活品位。据传说，安娜·德福公爵夫人是英国下午茶的发明者。在 1840 年，传统晚餐要在晚上 8 点左右才正式开始，安娜·德福夫人在下午 4 点左右总是感到饥饿难耐，

英国下午茶

(图片来源:http://www.66lc.com/system/2015/12/09/012210593.shtml)

而距离晚餐还有一段时间,若是夏天吃晚餐的时间就更晚了。她便吩咐仆人准备精致的面包、松饼,以及上好的红茶——当时红茶在英国价格昂贵且稀少,一般只有贵族才能品尝到。安娜·德福夫人在闲适的午后,邀请上二三好友,一起消磨一段原本饥饿难耐而又无聊的时光。没想到这一随意的举动,慢慢在贵族夫人圈内传播开来,逐渐演变为一种时尚。在坚信"万物平等"的英国社会,平民也喜爱模仿贵族的生活方式,下午茶也就很快由上层阶级向全民普及,演变为英国的一种生活形态。

时至今日,虽然快节奏的生活使下午茶的礼仪已经简化了很多,但是正确的泡茶方式,精致的茶具,丰盛的茶点,优雅的环境依旧被视为喝茶的传统。

(二)英国下午茶中的"礼"

正式的英式下午茶,一般在下午4点开始。这是一场相当正式的社交活动,对主客双方而言,都是一件相当郑重的事情。出席下午茶都必须着正装,男士着燕尾服、戴礼帽、手持长伞——英国天气多阴雨,对时时讲究得体的英国绅士而言,哪怕是忽如其来的大雨,也能从容不迫地应对而不失其仪。因此,无论是晴天还是阴天,他们都会带着一把长伞应对突变的天气,久而久之,长伞就成了绅士的象征。女士就必须穿着洋装礼服或专门的茶袍,戴帽子出席。

传统的英国下午茶首先需要一个良好的环境:既可以在室内,也可以在室外。若在室内,一般都是在家中最好的房间进行;若是风和日丽的下午，最好在室外进行。通常女主人会穿着正式服装亲自为客人泡茶和奉茶，非不得以才会由女佣进行协助，以表示对来宾的尊重，更是女主人显示其优雅气质、出众才艺和高超社交能力的重要手段。客人们也优雅地慢慢品茶，切勿急躁和匆忙，这是对主人和茶的一种尊重。

一般主人会选择中国的祁门红茶、印度大吉岭红茶、斯里兰卡红茶，等等。在最开始，英国人都以中国的祁门红茶为首选，但由于其运输困难、价格高昂，慢慢地也有人选用印度及斯里兰卡红茶。冲泡茶叶的方式有多种，常见的是原味红茶或加奶红茶。先在银质的茶壶里闷泡茶叶，泡好后，在茶杯上放置一个小滤网，再向茶杯中倒入茶水，茶水通过小滤网进入茶杯，滤掉茶沫茶渣。品饮者一般会先品饮一两口清茶，再加入牛奶、糖和蜂蜜等。由于茶之难得，对茶相当热爱和尊重的绅士淑女们，在喝茶时总会流露出庄重而严谨的姿态，这反而为英国下午茶增添了几分难得的美感。

过滤茶汤

（图片来源：http://fashion.ifeng.com/a/20160310/40152962_0.shtml）

主人会拿出最好的茶具——细瓷杯碟或银质茶具——来招待客人。维多利亚时代，最讲究的瓷器还是来自中国的骨瓷，若直接用来冲泡茶叶，由于急剧的温度变化，薄如蝉翼的瓷器会裂开。所以，英国人常先用银茶壶把茶泡好，再倒入瓷器中饮用。同时，使用茶具也有一系列礼仪规范。比如搅动茶汤时，不能将茶杯敲得叮当作响，这样的举动会显得急躁且无礼。应该按竖直方向，即钟面数字"12"到"6"的方向来回搅拌。将茶、奶、糖或蜂蜜搅拌均匀后，优雅地从杯中拿出银勺，放置在杯子下方的小碟中。在端茶杯品茶时，要用手指像捏着小耳朵一样捏住茶杯的手柄端起来，而不是把手指从手柄洞中穿过去。在饮茶过程中，还少不了高雅古典乐来营造高雅而轻松的氛围。在优雅的茶会上，人们还会欣赏花园景观，讨论文学作品、艺术作品等；因此，下午茶成为评判一位绅士或淑女是否具有良好文化修养和社交礼节的最佳场所。

茶点大多用松饼、司康饼等传统点心，用三层点心盘盛装。最下层是咸味三明治，夹有各种口味的火腿和奶酪；中间层放英式点心 scone（司康饼），有时这一层还会放上松饼；最上层则放蛋糕及水果塔，都是甜味的点心。一般由下层开始往上吃，口味由轻到重，不能调换顺序。吃大多数点心需要使用刀叉，但司康饼是用手从中间掰开而不是用刀切开，然后先将奶油和果酱抹在自用的小碟中，再涂抹到司康饼上；先涂果酱再涂奶油，吃完一口后再涂下一口。这些点心的制作倒也不是特别精致和讲究，最好是女主人亲手制作的。可能对于一位贵族夫人来说，也很难做出什么难得的美味；但确是亲力亲为，显示出主人待客的诚意。

茶，原本是一种具有强烈东方韵味的符号，在传入英国之后，与其独特的餐桌礼仪结合，形成了具有英国特色的下午茶文化。它温暖了阴雨绵绵中的英国人，充实了他们的胃，丰富了他们的精神世界，并且还能充分展现其最为看重的优雅气质。

无论是在中国、日本、韩国还是英国，"礼"都是茶最为重要的关键字。虽然人们的饮茶方式不同，礼仪规则迥异，习俗千差万别，但是在人们心目中，通过茶所承载的、具有民族文化意识的"礼"文化，是能够以一种独具魅力的形式、教化人心。茶不仅有益身心，更能提升人的优雅气质和文化修养，使人们在平淡的生活中，透过一杯杯温暖而可口的茶汤，品味到一个国家、一个民族的精神信仰。

延伸阅读

［1］朱海燕，王秀萍，李伟，等. 中国茶礼仪及其文化内涵［J］. 湖南农业大学学报（社会科学版），2013，14（1）.

［2］潘正伟. 大理白族三道茶趣谈［J］. 茶叶通讯，2008，35（3）.

［3］黄秀. 红苗黑苗［M］. 上海：上海文化出版社，2006.

［4］陈照年. 趣谈民族茶风情［J］. 茶叶科学技术，2001（1）：37.

［5］林更生. 苗族及其文化［J］. 农业考古，2008（2）：281-283.

[6] 张宏庸. 茶的历史 [M]. 茶学文学出版社, 1987.

[7] 王旭. 中国传统文化对日本上茶礼仪的影响研究 [J]. 辽宁师范大学学报（社会科学版），2017, 40 (2).

[8] 蔡文治. 韩国传统茶文化 [J]. 当代韩国, 1994 (1).

[9] 刘项育. 韩国茶礼及其现代价值 [J]. 饮食文化研究, 2006 (2).

[10] 艾瑞丝·麦克法兰，艾伦·麦克法兰. 绿色黄金：茶叶帝国史 [M]. 商周出版社，2005.

大师论茶：林语堂的喝茶交友，三泡十享受

只要有一把茶壶，中国人到哪儿都是快乐的。捧着一把茶壶，把人生煎熬到最本质的精髓。

我以为从人类文化和快乐的观点论起来，人类历史中的杰出新发明，其能直接有力地有助于我们享受空闲、友谊、社交和谈天者，莫过于吸烟、饮酒、饮茶的发明。

这三件事有几样共同的特质：第一，它们有助于我们的社交；第二，这几件东西不至于一吃就饱，可以在吃饭的中间随时吸饮；第三，都是可以借嗅觉去享受的东西。它们对于文化的影响极大，所以餐车之外另有吸烟车，饭店之外另有酒店和茶馆，至少在中国和英国，饮茶已经成为社交上一种不可少的制度。

烟酒茶的适当享受，只能在空闲、友谊和乐于招待之中发展出来。因为只有富于交友心，择友极慎，天然喜爱闲适生活的人士，方有圆满享受烟酒茶的机会。如将乐于招待心除去，这三种东西便变得毫无意义。享受这三件东西，也如享受雪月花草一般，须有适当的同伴。

中国的生活艺术家最注意此点，例如：看花须和某种人为伴，赏景须有某种女子为伴，听雨最好在夏日山中寺院内躺在竹榻上。

总括起来说，赏玩一样东西时，最紧要的是心境。

我们对每一种事物各有一种不同的心境。不适当的同伴，常会败坏心境。所以生活艺术家的出发点就是：他如果想要享受人生，则第一个必要条件即是和性情相投的人交朋友，须尽力维持这友谊，如妻子要维持其丈夫的爱情一般，或如一个下棋名手宁愿跑一千里的长途去会见一个同志一般。所以气氛是重要的东西。

……

于是我们"月夜焚香，古桐三弄，便觉万虑都忘，妄想尽绝。试看香是何味，烟是何色，穿窗之白是何影，指下之余是何音，恬然乐之，而悠然忘之者，是何趣，不可思量处是何境？"

一个人在这种神清气爽、心气平静、知己满前的境地中，方真能领略到茶的滋味。因为茶须静品，而酒则须热闹。茶之为物，性能引导我们进入一个默想人生的世界。

饮茶之时而有儿童在旁哭闹，或粗蠢妇人在旁大声说话，或自命通人者在旁高谈

国是，即十分败兴，也正如在雨天或阴天去采茶一般的糟糕。

因为采茶必须天气清明的清早，当山上的空气极为清新，露水的芬芳尚留于叶上时，所采的茶叶方称上品。照中国人说起来，露水实在具有芬芳和神秘的功用，和茶的优劣很有关系。

照道家的凡自然和宇宙之能生存全恃阴阳二气交融的说法，露水实在是天地在夜间和融后的精英。至今尚有人相信露水为清鲜神秘的琼浆，多饮即能致人善于长生。

特昆雪所说的话很对，他说："茶永远是聪慧的人们的饮料。"但中国人则更进一步，而且它为风雅隐士的珍品。因此，茶是凡间纯洁的象征，在采制烹煮的手续中，都须十分清洁。

采摘烘焙、烹煮取饮之时，手上或杯壶中略有油腻不洁，便会使它丧失美味。所以也只有在眼前和心中毫无富丽繁华的景象和念头时，方能真正地享受它。苏东坡曾以美女喻茶，但后来，另一个持论家、"煮泉小品"的作者田艺衡即补充说，如果定要以茶去比拟女人，则惟有麻姑仙子可做比拟。至于："必若桃脸柳腰，宜亟屏之销金幔中，无俗我泉石。"又说："啜茶忘喧，谓非膏粱纨绮可语。"据《茶录》所说："其旨归于色香味，其道归于精燥洁。"所以如果要体味这些质素，静默是一个必要的条件；也只有"以一个冷静的头脑去看忙乱的世界"的人，才能够体味出这些质素。

自从宋代以来，一般喝茶的鉴赏家认为，一杯淡茶才是最好的东西，当一个人专心思想的时候，或是在邻居嘈杂、仆人争吵的时候，或是由面貌丑陋的女仆侍候的时候，当会很容易地忽略了淡茶的美妙气味。同时，喝茶的友伴也不可多，"因为饮茶以客少为贵，客众则喧，喧则雅趣乏矣。独啜日幽；二客日胜；三四日趣；五六日泛；七八日施。"

《茶疏》的作者说："若巨器屡巡，满中泻饮，待停少温，或求浓苦，何异农匠作劳，但需涓滴；何论品赏？何知风味乎？"因为这个理由，因为要顾到烹时的合度和洁净，有茶癖的中国文士都主张烹茶须自己动手。如嫌不便，可用两个小僮为助。烹茶须用小炉，烹煮的地点须远离厨房，而近在饮处。茶僮须受过训练，当主人的面前烹煮。一切手续都须十分洁净，茶杯须每晨洗涤，但不可用布揩擦。僮儿的两手须常洗，指甲中的污腻须剔干净。"三人以上，止爇一炉，如五六人，便当两鼎，炉用一童，汤方调适，若令兼作，恐有参差。"

真正鉴赏家常以亲自烹茶为一种殊乐。中国的烹茶饮茶方法不像日本那么过分严肃和讲规则，而仍属一种富有乐趣而又高尚重要的事情。实在说起来，烹茶之乐和饮茶之乐各居其半，正如吃西瓜子，用牙齿咬开瓜子壳之乐和吃瓜子肉之乐实各居其半。茶炉火都置在窗前，用硬炭生火。主人很郑重地煽着炉火，注视着水壶中的热气。他用一个茶盘，很整齐地装着一个小泥茶壶和四个比咖啡杯小一些的茶杯。再将贮茶叶的锡罐安放在茶盘的旁边，随口和来客谈着天，但并不忘了手中所应做的事。他时时顾看炉火，等到水壶中渐发沸声后，他就立在炉前不再离开，更加用力地煽火，还不时要揭开壶盖望一望。那时壶底已有小泡，名为"鱼眼"或"蟹沫"，这就是"初滚"。他重新盖上壶盖，再煽上几扇，壶中的沸声渐大，水面也渐起泡，这名为"二滚"。这时已有热气从壶口喷出来，主人也就格外注意。到将届"三滚"，壶水已经沸透之时，他就提起水壶，将小泥壶里外一浇，赶紧将茶叶加入泥壶，泡出茶来。这种茶如福建人所饮的"铁观音"，大都泡得很浓。小泥壶中只可容水四小杯，茶叶占去其三分之一的容隙。因为茶叶加得很多，所以一泡之后即可倒出来喝了。这一道茶已将壶水用尽，于是再灌入凉水，放到炉上去煮，以供第二泡之用。严格的说起来，茶在第二泡时为最妙。第一泡譬如一个十二三岁的幼女，第二泡为年龄恰当的十六岁女郎，而第三泡则已是少妇了。照理论上说起来，鉴赏家认为第三泡的茶不可复饮，但实际上，则享受这个"少妇"的人仍很多。

以上所说是我本乡中一种泡茶方法的实际素描。这个艺术是中国的北方人所不晓的。在中国一般的人家中，所用的茶壶大都较大。至于一杯茶，最好的颜色是清中带微黄，而不是英国茶那样的深红色。

我们所描写的当然是指鉴赏家的饮茶，而不是像店铺中的以茶奉客。这种雅举不是普通人所能办到，也不是人来人往，论碗解渴的地方所能办到。《茶疏》的作者许次纾说得好："宾朋杂沓，止堪交钟觥筹；乍会泛交，仅须常品酬酢。惟素心同调，彼此畅适，清言雄辩，脱略形骸，始可呼童篝火，吸水点汤，量客多少，为役之烦简。"而《茶解》作者所说的就是此种情景："山堂夜坐，汲泉煮茗。至水火相战，如听松涛。倾泻入杯，云光滟潋。此时幽趣，故难与俗人言矣。"凡真正爱茶者，单是摇摩茶具，已经自有其乐趣。蔡襄年老时已不能饮茶，但他每天必烹茶以自娱，即其一例。又有一个文士名叫周文甫，他每天自早至晚，必在规定的时刻自烹自饮六次。他极爱他的茶壶，死时甚至以壶为殉。

因此，茶的享受技术包括下列十节：

第一，茶叶娇嫩，茶易败坏，所以整治时，须十分清洁，须远离酒类香类一切有强味的物事，和身带这类气息的人。

第二，茶叶须贮藏于冷燥之处，在潮湿的季节中，备用的茶叶须贮于小锡罐中，其余则另贮大罐，封固藏好，不取用时不可开启，如若发霉，则须在文火上微烤，一面用扇子轻轻挥扇，以免茶叶变黄或变黑。

第三，烹茶的艺术一半在于择水，山泉为上，河水次之，井水更次，水槽之水如来自堤堰，因为本属山泉，所以很可用得。

第四，客不可多，且须文雅之人，方能鉴赏杯壶之美。

第五，茶的正色是青中带微黄，过浓的红茶即不能不另加牛奶、柠檬、薄荷或其他物以调和其苦味。

第六,好茶必有苦味,大概在饮茶半分钟后,当其化学成分和津液发生作用时,即能觉出。

第七,茶须现泡现饮,泡在壶中稍稍过候,即会失味。

第八,泡茶必须用刚沸之水。

第九,一切可以混杂真味的香料一概屏除,至多只可略加些桂皮,或代代花,以合有些爱好者的口味而已。

第十,茶味最上者,应如婴孩身上一般的带着"奶花香"。

视频链接

中国大学慕课—中国茶道—1.2.2 仪礼之道。

后 记

当我将这本书的初稿交给东北大学出版社时,恰逢我的小孙子出生。我想将"中国礼仪文化丛书"作为礼物送给他,希望他成为一个"知书达礼""知恩图报""知足常乐",永远幸福快乐,对社会、对民族、对国家有用的人。对孩子们从小进行"三知"教育,一直是我在传播中华礼仪文化时贯穿的核心理念。

从1996年开始,也就是我大学毕业10年之后,因为本科4年中文专业学习中深受中国传统文化的浸润,因为热爱礼仪文化,我走上了研究礼仪文化、传播礼仪文化的幸福之路。2011年11月9日和2014年10月13日在中国教育部"爱课程网"上线,由我主讲的首批中国大学精品视频公开课及首批国家精品在线开放课程——慕课"现代礼仪",迄今已分别有近80万人次及70多万人次上网收看学习。作为一名普通的教育工作者,看到有这么多朋友乐意通过网络课程了解中国的礼仪文化,希望提高个人礼仪修养、道德修养,我真的很感动。看到这么多朋友从我的所学所思、所感所悟中受益,由衷地感到欣慰。我所说的,一定是我所信的;我所信的,一定是我照做的。礼仪是一个人思想觉悟、道德修养、精神面貌和文化教养的综合反映。孔子曰:"不学礼,无以立",坊间共识"做事先做人""修身齐家治国平天下"更是将"做人""修身"放在首位,可见"礼"于人之重要。

本书既有中餐、西餐、饮酒、喝茶中礼仪细节的介绍,又有典型案例的引用和图片、视频的展示,还提供了相应的延伸阅读材料,力图通过立体的呈现,使读者朋友学有所获、学有所用,能够在公务宴请、朋友聚餐时体现素质,展现魅力。

《餐饮礼仪》一书凝聚着作者们的智慧和心血,是作者对长期以来从事礼仪教育教学研究与实践的提炼和提升,同时又借鉴吸收了同行研究的优秀成果。在此,特别感谢同行们给予我们的灵感和启迪。

在本书出版之际,衷心感谢湖南大学给我提供了研究和讲授礼仪课程的良好平台;衷心感谢我的家人和朋友的关心和帮助;衷心感谢我的学生周希彦、高玄君、蒋骞,她们或拍摄照片,或提供案例,或手绘用图;衷心感谢我的学生高玄君、蒋骞、雷梦青、徐欣越、刘剑琴、李佳艺、杨和悦、林嘉玉、林艺婷,她们利用课余时间为我收集资料;衷心感谢东北大学出版社的大力支持。

编著者

2018 年 4 月